GUTES
KLIMA IM
QUARTIER

SENNESTADT GmbH
Stadtteilentwicklung seit 1956
60 Jahre

KlimaExpo.NRW
Motor für den Fortschritt

Fraunhofer IRB ■ Verlag

00 INTRO — 04

Mitveranstalter & Kooperationspartner — 06

Grußworte — 07
> Johannes Remmel, NRW-Umweltminister
> Pit Clausen, Bielefelder Bürgermeister
> Bernhard Neugebauer, Organisator und
  Geschäftsführer der Sennestadt GmbH

Klima.Expo NRW — 10
> Willkommen im Klimaschutzland NRW
> Qualifizierte Vorreiterprojekte

Klimaschutz ist ein Fortschrittsmotor — 14
Interview mit Dr. Heinrich Dornbusch

Die sechs Kapitel des Kompendiums — 16

01 ENERGIE NEU DENKEN — 18

Interdisziplinäre Forschung im Sennestadtlabor — 20
2. Symposium der Fachhochschule Bielefeld

Energiewende & Mobilität — 24
Podiumsdiskussion der KlimaWoche Bielefeld

Ergebnisse des Tages — 26
> Warum Klimaschutz?
> Deutschland und die Welt
> Wirtschaft oder Klimaschutz?
> Energiewende ohne Wärmewende?
> Wo bleibt die Verkehrswende?
> Stromnetz und Quartier
> Lebensqualität und die Wünsche der Bewohner
> Rebound-Effekte und soziale Normen
> Stadt und Wissenschaft

Thermographiebilder und Messdiagramme — 36
helfen den Bewohnern
Interview mit Prof. Dr.-Ing. Grit Behrens

Energiewende ist nicht nur Stromwende — 38
Fragen an NRW-Umweltminister Johannes Remmel

Finanzmärkte warnen vor Saurier-Investitionen — 40
Interview mit Prof. Dr. Claudia Kemfert

Menschen sind kooperative Gruppenwesen — 41
Essay von Prof. Dr. Sebastian Bamberg

Checkliste »Klimaschutz im Quartier« — 44

Fragen des Tages, beantwortet — 45

02 MOBIL SEIN — 46

Eine Mobilitätsstation für die Sennestadt? — 48
Diskussionsveranstaltung des Bielefelder Verkehrs-
betriebs moBiel und der Sennestadt GmbH

Ergebnisse des Tages — 50
> Wieso das Auto im Fußgängerrevier noch dominiert
> Multimodalität und Nahmobilität in Bielefeld

Das Konzept Mobilstation — 54
Eva Frensemeier

Fragen des Tages, beantwortet — 57

25

80

58

144

108

124

51

100

03 NEUES BAUEN · 58

Qualität am Bau, Nachhaltigkeit & serielles Bauen · 60
Fachtagung und IFB-Fortbildung des Instituts für Bau-
forschung (IFB Hannover) in Kooperation mit dem
Bundesverband Deutscher Fertigbau (BDF)

Qualitätsstrategien für nachhaltige · 62
und wertstabile Neubauvorhaben
Prof. Dr. Rolf-Egon Westerheide

Über die Bedarfsplanung zur nachhaltigen Lösung · 66
Interview mit Dipl.-Ing. Heike Böhmer

Nachhaltigkeitszertifikate als Werkzeug · 68
zur Qualitätssicherung
Fragen an Paul Mittermeier

Dumm gelaufen! · 70
Vier Fallbeispiele für fehlerhafte Bauverträge
Dr. Claas Birkemeyer

Warum serielles Bauen nachhaltig ist · 71
Fragen an Georg Lange

Checkliste »Das optimale Neubauprojekt« · 73

Ein Beratungsprodukt, das die Leute haben wollen · 74
Essay von Dipl.-Ing. Thorsten Försterling

Checkliste »Gute Kommunikation im Bauprojekt« · 76

Fragen des Tages, beantwortet · 77

04 ENERGETISCH SANIEREN · 78

Energetische Quartierserneuerung: · 80
Erfolgreiche Werkzeuge und Methoden
Erfahrungsaustausch in NRW

16. Forum Masterplan Wohnen in Bielefeld · 84
Podiumsdiskussion zu Möglichkeiten und Grenzen
der energetischen Stadtsanierung

Wozu energetische Quartierskonzepte? · 86
Fragen an Helmut Köchert

Ergebnisse des Tages · 88
> Quartierskonzepte
> Energie und CO_2
> Stadtumbau und energetische Sanierung
> Sanierungsmanagement
> Beratung, Hemmnisse und Motive
> Partizipation der Mieter
> Kennzahlen des Erfolgs
> Identität des Quartiers

Die Stadtarchitektur ist faszinierend · 100
Interview mit den Sanierungsmanagern
Thorsten Försterling und Heike Böhmer

Vom Konzept zum wohnungspolitischen Netzwerk · 104
Bernhard Neugebauer über den Masterplan Wohnen

Checkliste »Energetische Quartierserneuerung« · 106

Fragen des Tages, beantwortet · 107

05 PROZESSE ENTWICKELN · 108

Utopien realisieren – Welche Prozesse sind · 110
entscheidend Fachtagung des Netzwerks Energie
Impuls OWL und der KlimaExpo.NRW

Ergebnisse des Tages · 112
> Utopien, Leuchttürme, Treiber
> Utopien sind für alle da (Wissenstransfer –
  Partizipative Stadtverwaltung – CO_2-neutrale Stadt)
> Transfergesellschaften
> Chancen und Grenzen autonomer Bürgerprojekte
> Das Regionale Innovationsnetzwerk RIN-OWL

Fragen des Tages, beantwortet · 119

Ich wollte Menschen mit ihren · 120
kontroversen Standpunkten zeigen
Fragen an die Kölner Filmemacherin Anna Ditges

Warum es hilft, die Bürger in Ruhe zu lassen · 122
Interview mit Jörg Heynkes vom Klimaquartier
Wuppertal-Arrenberg

Post-Oil City · 124
Ausstellung über die Geschichte der Zukunft der Stadt

06 IDENTITÄT SCHAFFEN · 126

Reichows »organischer Städtebau« im 21. Jhd. · 128

»Transfer der Nachkriegsmoderne« · 130
Fachtagung der Hans-Bernhard-Reichow-Gesellschaft e.V.
> Vorstellung der vier »Reichow-Städte«
> Denkmalschutz contra Klimaschutz?
> Merkmale und Lehren

Fragen des Tages, beantwortet · 137

Ein Stadtorganismus vor dem Höhenzug · 138
des Teutoburger Waldes
Interview mit dem Architekten und Zeitzeugen
Peter Holst (*1923)

Sennestadt hat das Potenzial · 140
einer inklusiven Stadt
Fragen an Marc Wübbenhorst

Farben der Sennestadt · 142
Eine Ausstellung

Willkommen im grünen Bereich! · 144
Stadtführung mit Marc Wübbenhorst

07 ANHANG

Ausblick · 146

Personenregister · 146

Glossar · 147

Vielen Dank an alle Mitveranstalter und Kooperationspartner!

Ministerium für Bauen, Wohnen, Stadtentwicklung und Verkehr des Landes Nordrhein-Westfalen

Bundesministerium für Umwelt, Naturschutz, Bau und Reaktorsicherheit

IFB BAUFORSCHUNG

SENNESTADT Sanierungsmanagement

a.a alberts.architekten BDA Büro für Soziale Architektur

Energie | Impuls | OWL

Sennestadtverein

KLIMAWOCHE

FH Bielefeld University of Applied Sciences Campus Minden

Stadt Bielefeld Masterplan Wohnen

Hans-Bernhard-Reichow-Gesellschaft e.V.

Bundesverband Deutscher Fertigbau e.V. BDF

ifa Institut für Auslandsbeziehungen

Stadt Bielefeld Umweltamt

ARCH+

moBiel

Brillux ..mehr als Farbe

HES Hans-Ehrenberg-Schule Gymnasium in Trägerschaft der evangelischen Kirche von Westfalen

Bundesinstitut für Bau-, Stadt- und Raumforschung im Bundesamt für Bauwesen und Raumordnung

DEUTSCHE STIFTUNG DENKMALSCHUTZ

mmc Audio Licht Video

KOTZOLT Das Licht

Impressum

HERAUSGEBER Sennestadt GmbH
Lindemann-Platz 3
33689 Bielefeld

T: +49 (0) 5205 87930-0
F: +49 (0) 5205 87930-9
E: info@sennestadt-gmbh.de
www.sennestadt-gmbh.de

KONZEPT Thorsten Försterling
www.alberts-architekten.de

TEXT Jens Jürgen Korff
www.korfftext.de

DESIGN Michaela Seelmeyer
www.bueroformosa.de

FOTOS* Peter Wehowsky
www.we-how-sky-store.de
(*wo nicht anders vermerkt)

DRUCK BELTZ Bad Langensalza GmbH
Bad Langensalza

Fraunhofer IRB Verlag
Nobelstraße 12
70569 Stuttgart

Tel. 0711 970-2500
verlag@fraunhofer.de
www.verlag.fraunhofer.de

ISBN 978-3-8167-9866-8 (Print)

ISBN 978-3-8167-9867-5 (E-Book)

Bildnachweis:
7-9/98/99 Thorsten Försterling; **10/11/12/13** KlimaExpo.NRW;
12 Stadt Rietberg; **13** Rainer Friedberg; **22/31/34/35/36/41/43**
mit freundlicher Genehmigung von: Prof. Dr.-Ing. Grit Behrens,
Prof. Dr.-Ing. Konrad Mertens, Prof. Dr. Frank Hamelmann, Prof. Dr.
Sebastian Bamberg; **27** shutterstock.com/Victor Lauer; **50/51/53/57**
Unternehmensgruppe Stadtwerke Bielefeld: Fotos von Veit Mette,
Olaf Lewald; **56** shutterstock.com/Sopotnicki; **69** BMVBS; **93/94/119**
shutterstock.com/enjoy your life; **96** Fa. Brillux; **120/121** Anna Ditges;
124/125 ARCH+; **131-133** Hans-Bernhard-Reichow-Gesellschaft e.V.;
139 Peter Holst; **141** mgf Gartenstadt Farmsen

Mit freundlicher Unterstützung der KlimaExpo.NRW

www.klimaexpo.nrw

KlimaExpo.NRW Motor für den Fortschritt

FSC MIX Papier aus verantwortungsvollen Quellen FSC® C089473

Meine herzlichen Glückwünsche gelten der Sennestadt GmbH auch im 61. Jahr ihres Bestehens.

1956 gründeten der Landschaftsverband Westfalen-Lippe, der Landkreis Bielefeld und die Gemeinde Senne II die Sennestadt GmbH, um den seit 1954 geplanten Bau einer neuen Stadt südlich von Bielefeld voranzutreiben.

Das „Klimaquartier Sennestadt" steht für die Renaissance urbaner Gebiete durch energetische Sanierung bei gleichzeitiger Erhaltung des historischen Stadtbilds. Es steht beispielhaft für integrierte Ansätze, in denen Ideen des Klimaschutzes mit neuen Formen der Energieversorgung und Mobilität zusammen gedacht und umgesetzt werden.
Die Sennestadt GmbH übernahm Aufgaben im Rahmen der Themen Stadtumbau, energetische Stadtsanierung, Klimaschutzsiedlung, Energieversorgung und öffentlicher Personennahverkehr mit dem Ziel einer integrierten Quartiersentwicklung.

Der große Erfolg des „Klimaquartiers Sennestadt" ließ nicht lange auf sich warten: So konnte auf der Jahresveranstaltung 2015 der KlimaExpo.NRW in Köln das „Klimaquartier Sennestadt, Bielefeld" in die Riege der besten Projekte des Landes Nordrhein-Westfalen aufgenommen werden. In der Themenwelt „Quartiere entwickeln" geht es um Projekte, die Bezirke aufwerten, energetische Sanierungen im Gebäudebestand fördern und Anreize für die Bevölkerung schaffen, sich an der Entwicklung ihres Wohnumfeldes zu beteiligen. Besonders erfreulich fände ich die alsbaldige Verwirklichung der Klimaschutzsiedlung auf dem Schilling-Gelände.

Ende 2015 traf sich bei der Sennestadt GmbH ein Forscherteam der Fachhochschule Bielefeld zum Auftakt einer besonderen Zusammenarbeit. Auf Initiative des Sanierungsmanagements hat der neue Forschungsschwerpunkt „Interdisziplinäre Forschung für dezentrale, nachhaltige und sichere Energiekonzepte" seinen Praxisbezug in der Sennestadt gefunden. Für dieses Vorhaben wünsche ich viele gute Ideen, Innovations- und Schaffenskraft.

Neben dem geplanten Neubau der Klimaschutzsiedlung stehen in der Sennestadt aktuell die energetische Sanierung des Altbaubestandes, der Ausbau einer dezentralen Energieerzeugung und die Förderung nachhaltiger Mobilität durch Anbindung an die Stadtbahn im Fokus.
Die energetische Sanierung von 32 Mehrfamilienhäusern mit 373 Wohnungen hat die Bielefelder Gemeinnützige Wohnungsgesellschaft (BGW) bereits abgeschlossen – und deren Endenergieverbrauch damit um durchschnittlich 50 Prozent verringern können.

Die Schirmherrschaft für die Fachtagungswoche „Gutes Klima im Quartier" habe ich sehr gerne übernommen und wünsche nun auch diesem spannenden Kompendium eine weite Verbreitung sowie dem Klimaquartier Bielefeld Sennestadt für die Zukunft alles Gute!

Johannes Remmel
Minister für Klimaschutz, Umwelt,
Landwirtschaft, Natur- und Verbraucher-
schutz des Landes Nordrhein-Westfalen

Die Sennestadt, ihr außergewöhnliches Konzept und ihre Menschen wurden 2016 erneut zu Protagonisten für eine modellhafte und zukunftsfähige Stadtteilentwicklung. Eigentlich genauso, wie es die Stadtväter und -mütter einst erdacht haben.

Das ist mehr als fünf Jahrzehnte her, und irgendwann wird es auch für eine „Modellstadt" Zeit für eine Generalüberholung. Seit mehreren Jahren wird nun der Prozess „Stadtumbau Sennestadt" vorangetrieben: Viele Projekte aus dem städtebaulichen Entwicklungskonzept konnten bereits realisiert werden oder befinden sich derzeit in der Umsetzung.

Nun hat sich die Sennestadt GmbH die Themen der nachhaltigen und klimafreundlichen Quartiersentwicklung auf die Agenda geschrieben. Allerdings nicht – wie bei der Stadtgründung noch Usus – auf dem Reißbrett, sondern gemeinsam mit Experten, Verwaltung, Politik und insbesondere den Bürgerinnen und Bürgern vor Ort. Mir gefällt dieser pragmatische Ansatz, denn schließlich geht Klimaschutz uns alle an und wir alle können auch unseren ganz individuellen Beitrag dazu leisten. Gerne bin ich daher Schirmherr der Fachtagungswoche „Gutes Klima im Quartier" geworden.

Es war eine Woche mit unterschiedlichen Veranstaltungen, mit Informationen und Diskussionen, mit Ideen und Visionen. Eine Woche, die auch gut in das „Handlungsprogramm Klimaschutz" der Stadt Bielefeld passt. Der Rat der Stadt Bielefeld hatte sich damit bereits 2008 verpflichtet, alles in seiner Macht Stehende zu tun, um die Bielefelder Klimaziele zum Jahr 2020 zu erreichen: Reduktion des CO_2-Ausstoßes um 40 Prozent, Erhöhung des Anteils Erneuerbarer Energien auf 20 Prozent.

Der Klimaschutz ist eine gesamtgesellschaftliche Aufgabe, die nur mit Hilfe aller Bielefelderinnen und Bielefelder bewältigt werden kann. „Gutes Klima im Quartier" kann hier ein wichtiger Baustein sein.

Bielefeld will's wissen! Die Fachtagungswoche in Sennestadt mit ihren unterschiedlichen Akteuren hat viele nachhaltige Ergebnisse gebracht. Für die Bielefelderinnen und Bielefelder, für die Sennestadt und für das Klima im Quartier!

Pit Clausen
Oberbürgermeister
von Bielefeld

Prozesskompetenz ist für die Quartiersentwicklung heute in aller Munde. Eine Fähigkeit, die die Sennestadt GmbH seit ihrer Gründung vor 61 Jahren immer wieder unter Beweis gestellt hat. Unser Metier ist es, Ideen zu bündeln, Ideengeber und Umsetzer zusammenzubringen, Kristallisationskeim zu sein für alles, was eine nachhaltige Entwicklung im Quartier voranbringt. Genau diese Rolle hat die Sennestadt GmbH auch als Gastgeberin und Organisatorin der Fachtagungswoche „Gutes Klima im Quartier" gespielt. Mit großer Freude haben wir miterlebt, wie dort Prozesse angestoßen und Ideen entwickelt wurden, die für die Stadt Bielefeld und ganz Deutschland von Nutzen und Bedeutung sind.

Hans Bernhard Reichow und andere Architekten haben in der Nachkriegszeit Lösungen für teilweise ähnliche Probleme gefunden, wie sie heute akut sind – Stichwort Flüchtlinge, Stichwort Partizipation, Stichwort Lebensqualität. Dass diese Lösungen auf ein wachsendes Interesse der Fachöffentlichkeit stoßen, hat die Tagungswoche eindrucksvoll bewiesen.

Auf allen diesen Feldern ist es das A und O, scheinbar und tatsächlich widersprüchliche Interessen in einem fruchtbaren Dialog zusammenzuführen. Die vielen Diskussionen im September 2016 waren von diesem Geist geprägt. Die wichtigsten Ergebnisse haben wir in diesem Band zusammengetragen, den wir den interessierten Fachleuten nun als Handbuch der wichtigsten Themen rund um die energetische Quartierserneuerung zur Hand geben. Denjenigen, die im September 2016 mit dabei waren, möge es dazu dienen, Ereignisse und Erkenntnisse Revue passieren zu lassen, in einen inhaltlichen Zusammenhang zu stellen und die damals geknüpften Kontakte zu vertiefen.

Liebe Leserin, lieber Leser, wir wünschen Ihnen mit diesem Buch viel Freude und guten Ertrag!

Die Landesregierung
Nordrhein-Westfalen

EUROPÄISCHE UNION
Investition in unsere Zuk
Europäischer Fonds
für regionale Entwickl

Bernhard Neugebauer
Geschäftsführer der
Sennestadt GmbH

Willkommen im Klimaschutzland
NRW

Klimaquartier
Sennestadt

KlimaExpo.NRW
Motor für den Fortschritt

Nordrhein-Westfalen als Wissenschafts- und Wirtschaftsstandort ist das Schlüsselland der Energiewende. Hier entstehen fortwährend neue Ideen, wie wir unser Energiesystem klimafreundlich verändern können – beim intelligenten Umgang mit Energie, bei der energieeffizienten Stadtsanierung, bei neuen Mobilitätskonzepten, in der Bildung, bei nachhaltigen Investitionen. Die KlimaExpo.NRW präsentiert bis 2022 tausend Schrittmacher und Vorreiterprojekte.

Was in Sachen Klimaschutz und Klimafolgenanpassung möglich ist, zeigen heute schon zahlreiche soziale, technische und institutionelle Projekte und Innovationen überall in Nordrhein-Westfalen. Quer durchs Land präsentiert die KlimaExpo.NRW Ihnen nachahmenswerte Beispiele für den Fortschrittsmotor Klimaschutz, geordnet in vier Themenwelten:

 Energie neu denken

 Ressourcen schonen

 Quartiere entwickeln

 Mobilität gestalten

Industriell geprägte Metropolregionen, Quartiere und ländliche Räume machen NRW zum idealen Schauplatz für den klimagerechten Umbau urbaner Infrastrukturen, für neu organisierte Stadt-Land-Beziehungen und für die Anpassung an den Klimawandel. Das zeigen einige KlimaExpo.NRW-Vorreiter der Themenwelt **„Quartiere entwickeln"**.

Qualifizierte Vorreiterprojekte

Ausgezeichnetes Projekt der KlimaExpo.NRW

Klimaquartier Sennestadt

Die Sennestadt GmbH wurde 2015 mit ihrem Projekt Klimaquartier Sennestadt qualifiziert und als einer von drei Vorreitern der Themenwelt „Quartiere entwickeln" ausgezeichnet. Das Projekt ist beispielhaft für kooperative Quartiersentwicklung.

Stadt und Bürger entwickelten gemeinsam Lösungen für klimagerechte Gebäude und Infrastrukturen mit mehr Wohn- und Lebensqualität. So machen sie die 1954 entstandene Großwohnsiedlung fit für die Zukunft.

Der begleitende Planungsprozess setzte Maßstäbe für Klimaschutz und Bürgerbeteiligung – ein Vorbild erster Ordnung.

Kurzlink:
bit.ly/reichow21

Solarsiedlung Bielefeld-Kupferheide

Die Stadtverwaltung in Bielefeld ist die erste in NRW, die mit vielen verschiedenen Bauherren ein ehrgeiziges Energiekonzept für eine ganze Solarsiedlung entwickelt hat. Um die ambitionierten Ziele realisieren zu können, wurden in dem gemeinsamen Konzept energetische Standards vertraglich festgelegt.

Das Projekt ist Teil des von der EnergieAgentur.NRW koordinierten Programms „50 Solarsiedlungen in NRW" – und darin das erste mit einem gemeinsam durch die Privateigentümer betriebenen Nahwärmenetz.

Das Bielefelder Beispiel mit insgesamt 66 Wohneinheiten zeigt auf, wie effizient Solarenergie für die Wärme- und Stromversorgung eines Quartiers genutzt werden kann.

Kurzlink:
bit.ly/solarkupfer

1.000 Schritte für den Klimaschutz
Klimaquartier Sennestadt, das LED-Lichtkonzept in Rietberg, die Bielefelder Solarsiedlung – diese und weitere Projekte sind
Vorreiter in Sachen Klimaschutz. Mit der
KlimaExpo.NRW als landesweiter Leistungs-
schau und Ideenlabor werden 1.000 Akteure
und Projekte, Ideen und Aktionen sichtbar
gemacht – in 1.000 Schritten. Schritt für
Schritt bis 2022.

LED-Lichtkonzept
Rietberg

Ein innovatives LED-Lichtkonzept beleuchtet den historischen Stadtkern von Rietberg nicht nur energieeffizient
und ökonomisch sinnvoll, sondern auch qualitativ besser
als vorher.

Bürger, Anwohner und Eigentümer sowie der lokale
Einzelhandel wurden von Beginn an in den Planungsprozess eingebunden. Ihre Wünsche nach mehr Licht und
Aufwertung vieler historischer Fassaden führten dazu,
dass mehr Leuchten installiert wurden als vorher.

Ein LED-Lichtband zieht sich durch den ganzen Stadtkern und dient Sehbehinderten zur Orientierung.
Trotz dieser Erweiterungen können seither 50 Prozent
des Energieverbrauchs für die Stadtbeleuchtung eingespart werden.

Kurzlink:
bit.ly/rietberg-led

Wolfgang Jung und
Dr. Heinrich Dornbusch (von links):
Die Geschäftsführer der KlimaExpo.NRW
präsentieren mit ihrem Team
Schrittmacher und Vorreiter
im Klimaschutzland NRW.

„Die Umsetzung der Energiewende und das Erreichen der Klimaschutzziele gehören zu unseren wichtigsten Herausforderungen."

Klimaschutz ist Fortschrittsmotor

Fragen an Dr. Heinrich Dornbusch,
Geschäftsführer der KlimaExpo.NRW

Nordrhein-Westfalen – viele verbinden damit rauchende Schornsteine und dampfende Kühltürme. Ist Klimaschutz in diesem Land besonders schwierig?

Offenbar nicht, denn Nordrhein-Westfalen hat sich als erstes Bundesland in einem Klimaschutzgesetz verbindliche Ziele für den Klimaschutz gesetzt. Der industrielle Wandel in Nordrhein-Westfalen setzt auf Innovation, Bildung und Klimaschutz. Die Umsetzung der Energiewende und das Erreichen der Klimaschutzziele gehören zu unseren wichtigsten Herausforderungen. Das liegt in der gemeinsamen Verantwortung von Politik, Wirtschaft, Wissenschaft und Zivilgesellschaft.

Was ist die Aufgabe der KlimaExpo.NRW dabei?

Wir kümmern uns darum, die Energiewende, den Klimaschutz und die notwendige Anpassung an die Folgen des Klimawandels als Schubkräfte einer nachhaltigen Entwicklung für Wirtschaft und Gesellschaft nutzbar zu machen. Wir präsentieren deshalb im ganzen Land die Vorreiterprojekte im Klimaschutz: zum Beispiel das Klimaquartier

Sennestadt als Vorbild für eine klimafreundliche Quartiersentwicklung der Zukunft. Wenn das im ganzen Land Schule macht, können wir zum Klimaschutzland Nr. 1 werden.

Wo liegt die besondere Stärke der KlimaExpo.NRW?

Das ist unser Netzwerk, in dem wir Dutzende von regional verankerten Akteuren wie die Sennestadt GmbH zusammenführen. Gemeinsam setzen wir wichtige Impulse im Klimaschutz und begründen eine Mitmachkultur in Bielefeld, der Region Ostwestfalen-Lippe und ganz NRW.

Stichwort Mitmachen: Wie kann man mitmachen?

Beginnen Sie am besten mit einer Reise durchs Klimaschutzland NRW! Auf unserer Webseite www.klimaexpo.nrw können Sie gleich starten – herzlich willkommen! Lassen Sie sich anregen – und wenn Sie ein eigenes vorbildliches Projekt haben, erfahren Sie dort, wie Sie es anmelden können und welche Vorteile Ihnen das bringt.

www.klimaexpo.nrw
post@klimaexpo.nrw

Energie neu denken
Mobil sein
Neues Bauen
Energetisch Sanieren
Prozesse entwickeln
Identität schaffen

Die sechs Kapitel des Kompendiums spiegeln die Fachtagungswoche »Gutes Klima im Quartier« wider, die vom 11. bis 16. September 2016 im Klimaquartier Bielefeld-Sennestadt stattfand. Zugleich entsprechen sie weitgehend den vier Themenfeldern der KlimaExpo.NRW:

> Die Kapitel »Energie neu denken« und »Mobil sein« passen eins zu eins mit den entsprechenden Themenfeldern der KlimaExpo.NRW zusammen.

> Das Kapitel »Neues Bauen« greift Aspekte des Themenfelds »Ressourcen schonen« auf.

> Die Kapitel »Energetisch Sanieren«, »Prozesse entwickeln« und »Identität schaffen« beleuchten unterschiedliche Aspekte des Themenfelds »Quartiere entwickeln«.

01 ENERGIE NEU DENKEN:

Wie kann eine nachhaltige, klimafreundliche, flexible und preisgünstige Energieversorgung auf Quartiersebene aussehen, die zugleich die Lebensqualität der Bewohner verbessert?

MOBIL SEIN: 02

Wie können wir uns umwelt- und klimafreundlich fortbewegen und den Mobilitäts-Mix auf die Zukunft ausrichten?

03 NEUES BAUEN:

Wie können wir unseren Bedarf nach neuem Wohnraum befriedigen, zugleich Ressourcen schonen und eine hohe Bauqualität gewährleisten? Welchen Beitrag leistet serielles Bauen dazu?

ENERGETISCH SANIEREN: 04

Wie können wir vorhandene Wohnquartiere nachhaltig umbauen, an neue Bedürfnisse anpassen, zukunftsfähig weiterentwickeln? Wie gehen wir erfolgreich mit den vielen beteiligten Akteuren um?

05 PROZESSE ENTWICKELN:

Was wird aus einer Utopie wie der CO_2-neutralen Stadt, wenn wir sie auf Einzelschritte herunterbrechen? Welche Prozesse sind nötig, um eine Utopie zu verwirklichen?

IDENTITÄT SCHAFFEN: 06

Wie schaffen wir es, die historisch gewachsene Identität eines Quartiers über die energetische Sanierung hinweg zu bewahren? Was wird aus den Ideen der ursprünglichen Planer im 21. Jahrhundert?

ENERGIE
NEU DENKEN

20 Interdisziplinäre Forschung im Sennestadtlabor
2. Symposium der Fachhochschule Bielefeld

24 Energiewende & Mobilität
Eine Podiumsdiskussion der Klimawoche Bielefeld

26 Ergebnisse des Tages
> Warum Klimaschutz?
> Deutschland und die Welt
> Wirtschaft oder Klimaschutz?
> Energiewende ohne Wärmewende?
> Wo bleibt die Verkehrswende?
> Stromnetz und Quartier
> Lebensqualität und die Wünsche der Bewohner
> Rebound-Effekte und soziale Normen
> Stadt und Wissenschaft

36 Thermographiebilder und Messdiagramme helfen den Bewohnern
Interview mit Prof. Dr.-Ing. Grit Behrens

38 Energiewende ist nicht nur Stromwende
Fragen an NRW-Umweltminister Johannes Remmel

40 Finanzmärkte warnen vor Saurier-Investitionen
Interview mit Prof. Dr. Claudia Kemfert

41 Menschen sind kooperative Gruppenwesen
Essay von Prof. Dr. Sebastian Bamberg

44 Checkliste »Klimaschutz im Quartier«

45 Fragen des Tages, beantwortet

Interdisziplinäre Forschung
im Sennestadtlabor

Konkrete Forschungs- und Entwicklungprojekte standen im Mittelpunkt des »2. Symposiums der Fachhochschule Bielefeld zu Solarcomputing und Interdisziplinärer Forschung für dezentrale, nachhaltige und sichere Energiekonzepte (IFE)«.
Mehrere Projekte laufen im Stadtlabor Sennestadt.

Interdisziplinäre Forschung für dezentrale, nachhaltige und sichere Energiekonzepte

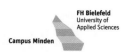

FH Bielefeld
University of
Applied Sciences

Campus Minden

Als Leiterin des Forschungsschwerpunkts stellte Professorin Dr. Grit Behrens die Schwerpunkte vor:

--> Messpunkte in mehreren Wohnungen installieren, die das Bewohnerverhalten und ihre Wohnqualität erfassen
--> das Umweltbewusstsein steigern
--> Wünsche der Bewohner erfassen
--> Lebensqualität und Raumklima sicher stellen
--> Low-Cost-Messmethoden entwickeln
--> Datenerfassung und Datensicherheit optimieren
--> die Akzeptanz für die Sanierung durch eine Software steigern
--> die Qualität der Lehre verbessern

Das Solar Computing Lab hat die Fachhochschule Bielefeld 2011 gegründet, um Data Mining, Simulationsspiele und ähnliches an Solarmodulen zu betreiben. Thermographie wird zur Fehlersuche eingesetzt.

Kurzlink:
bit.ly/ifesym2016

„Hier herrscht der Wille, Neues zu entwickeln und dann auch zu nutzen"

Dekan Prof. Dr. Oliver Wetter lobte die
Modellstadt Sennestadt als Studienobjekt

01 IFE-Ideen regen zur Diskussion an.
02 In der Pause: Gespräche am
Thermografiecopter
03 (v.l.) Prof. Dr. Sebastian Bamberg,
Prof. Dr. Christoph Thiel,
Prof. Dr.-Ing. Grit Behrens,
Dipl.-Ing. Thorsten Försterling,
Prof. Dr. Oliver Wetter,
Prof. Dr. Frank Hamelmann,
Bernhard Neugebauer

THEMA:
FSP IFE und Solar
Computing Lab stellen
ihre Aktivitäten vor.

REFERENTIN:
Prof. Dr.-Ing. Grit Behrens
Professorin für Angewand-
te Informatik, Sprecherin
des Forschungs-
schwerpunkts IFE

THEMA:
Sensoren und ihre physi-
kalische Übertragbarkeit
auf das Nutzungsverhal-
ten der Probanden.

REFERENT:
Johannes Weicht
M. Sc. für Physik

THEMA:
Das Raspberry_PI
Messsystem

REFERENT:
Klaus Schlender,
B. Sc. Informatik

THEMA:
Herausforderungen an
den Datenschutz und
die Sicherheit nutzerbe-
zogener Verbrauchsdaten
– Datenschutzfragen
zum Messsystem

REFERENT:
Prof. Dr. Christoph Thiel
Professor für sichere
und zuverlässige
Softwaresysteme

THEMA:
Vorstellung des
Simulationsspiels
zur Sanierung
der Sennestadt

REFERENTEN:
Florian Steckel
Fabian Witthaus
Sven Ertel

Alle Akteure & Themen des Symposiums auf einen Blick

Photovoltaik-Anlage des Solar Computing Lab

THEMA:
Energiewende und
Klimaschutz: Strom,
Wärme und Effizienz

REFERENT:
Prof. Dr. Frank Hamelmann
Prof. für Physik

THEMA:
Energiekonzepte für
Wohnquartiere:
Anforderungen aus ganz-
heitlicher Perspektive

REFERENT:
Dr.-Ing. Thilo Kilper
Themenfeldleiter Photo-
voltaische Systeme,
Next Energy Oldenburg

THEMA:
Fehleranalyse von Photo-
voltaikanlagen: innovative
Untersuchungsmethoden

REFERENT:
Prof. Dr.-Ing.
Konrad Mertens
Professor für Elektro-
technik und Informatik
FH Münster

THEMA:
Zur Psychologie von
Energienutzern und
Energiesparern

REFERENT:
Prof. Dr.
Sebastian Bamberg
FH Bielefeld, Forschungs-
schwerpunkt „Soziale
Mobilisierungsstrategien
im Politikfeld Klimaschutz"

THEMA:
Ein selbstlernendes System
zur Identifikation von
Lastgang-Anomalien
mit Hilfe von Algorithmen
des maschinellen Lernens

REFERENT:
David Nieslony
Phoenix Contact GmbH

Energiewende &Mobilität

Eine Podiumsdiskussion der KlimaWoche Bielefeld

VERANSTALTER:
Jens Ohlemeyer
KlimaWoche
Bielefeld e.V.

TEILNEHMER:
Sven Plöger
Diplom-Meteorologe
und Moderator

Johannes Remmel
Minister für Klimaschutz,
Umwelt, Landwirtschaft,
Natur- und Verbraucher-
schutz des Landes NRW,
Bündnis 90/Die Grünen,
Offizieller Schirmherr der
KlimaWoche Bielefeld

Prof. Dr. Claudia Kemfert
Energieökonomin, Leiterin
der Abteilung Energie,
Verkehr, Umwelt am
Deutschen Institut für
Wirtschaftsforschung
(DIW Berlin)

Pit Clausen
Oberbürgermeister der
Stadt Bielefeld, SPD,
Offizieller Schirmherr der
KlimaWoche Bielefeld

MODERATOR:
Franz W. Rother
Politologe, Redakteur
der WirtschaftsWoche

Der Verein KlimaWoche Bielefeld lud zu einer Podiumsdiskussion mit dem Meteorologen Sven Plöger, Landesumweltminister Johannes Remmel, Oberbürgermeister Pit Clausen (Bielefeld) und der Energie-Ökonomin Prof. Dr. Claudia Kemfert. Es moderierte der Journalist Franz W. Rother. Über 100 Zuhörerinnen und Zuhörer kamen in die Aula der Hans-Ehrenberg-Schule in Bielefeld-Sennestadt.

Die Diskussion war zugleich eine zentrale Veranstaltung im Rahmen der 8. KlimaWoche Bielefeld. Unter dem Motto „Be the Energy – Ideen für den Klimaschutz" fanden 34 Exkursionen und Workshops mit Bielefelder Schülerinnen und Schülern statt. Außerdem wurden vier Filme gezeigt.

Franz Rother fordert das Publikum auf mitzudiskutieren.

Prof. Dr. Claudia Kemfert:
Die Unternehmen sind gezwungen, auf den Klimawandel zu reagieren.

Rund 100 Zuschauer in der Aula der Hans-Ehrenberg-Schule in Bielefeld-Sennestadt

NRW-Umweltminister
Johannes Remmel:
Wärmepumpen können bis
zu 50 % der Heizenergie aus
oberflächennaher Geothermie
gewinnen.

Sven Plöger: Windräder sind
hässlich? Wie schön sind
denn Strommasten?

Oberbürgermeister
Pit Clausen: Der Einstieg
in die Elektromobilität
sind E-Bikes.

www.klimawoche-bielefeld.de

www.sennestadt-klimawoche.de

Ergebnisse des Tages

Warum Klimaschutz?

Sven Plöger, der bekannte ARD-„Wetterfrosch", nannte in seinem Vortrag Gründe: Das Klima ist die Statistik des Wetters, und diese Statistik weist einen deutlichen Trend zur Erwärmung des Planeten auf. Die Weltmitteltemperatur stieg seit 1880 um 0,85 °C. In den rund 12.000 Jahren seit der letzten „Eiszeit" betrug der Anstieg nur 4-4,5 °C – also im Schnitt gerade mal 0,04 °C pro Jahrhundert. Es erwärmt sich deutlich schneller seit 1880, und die wärmsten Jahre gab es fast alle nach 1998.

Weil eine Wetterstatistik abstrakt und für den einzelnen nicht fühlbar ist, sind globale Temperaturveränderungen im Alltag kaum wahrnehmbar. Aber die Erwärmung greift auch in die atmosphärische Zirkulation ein, und das kann das fühlbare Wettergeschehen tatsächlich verändern. Möglicherweise haben wir das im Frühsommer

2016 erlebt, als schwerste Gewitter tagelang über Deutschland tobten. Braunsbach und Simbach sind uns in Erinnerung. Rund um Heilbronn fielen am 29.05.2016 in wenigen Stunden mehr als 100 Liter Regenwasser auf den Quadratmeter. Viele erinnern sich an die zwei „Jahrhunderthochwasser" an der Elbe: 2002 und 2013. Bei Aschau fielen 2013 in einer knappen Woche 413 Liter Regen pro m².

Die Frage für Plöger und viele Klimaforscher ist, ob sich solche Wetterlagen häufen. Dafür spricht ein Mechanismus, der mit dem Rückgang des arktischen Eises zusammenhängt. Von 1979 bis 2012 hat es sich um 33 Millionen km² (etwa die zehnfache Fläche Deutschlands) zurückgezogen. Die Folge war eine überproportionale Erwärmung der hohen nördlichen Breiten, wodurch sich der Jetstream abschwächt und störanfälliger wird.

heute

„Das 2-Grad-Ziel ist nicht mehr zu schaffen. Wir werden eher bei 3 bis 3,5 °C landen."

Meteorologe Sven Plöger erläutert in seinem Vortrag Einzelheiten zum Thema Klimawandel

Der Jetstream ist ein Starkwindband in etwa 10 km Höhe. Dazu gehören sog. Rossby-Wellen, die nun langsamer als früher um den Erdball laufen und sogar häufig stehen bleiben. Deshalb kann es passieren, dass ein von der Welle mitbewegtes Hoch lange bei uns stehen bleibt – im Sommer führt das zu Hitze und Dürre. Oder ein Tief bleibt stehen, dann können Starkregen und Überschwemmungen die Folge sein. Trockenheit und Hochwasser sind also zwei Seiten derselben Medaille, und genau hier erwarten Klimamodelle eine Häufung in der Zukunft.

Konkret ist Klimaschutz vor allem deshalb sinnvoll, so Plöger, weil Veränderungen unseres täglichen Wettergeschehens hin zu extremerem Wetter entgegengewirkt werden sollte.

Dem dient einerseits die Vermeidung von Treibhausgasemissionen und andererseits die Anpassung an veränderte Klimaverhältnisse.

Den über Jahrtausende hinweg nachweisbaren Zusammenhang von Klimawandel und CO_2-Konzentration der Atmosphäre erläuterte auf dem Symposium der Physiker Frank Hamelmann. Beim menschengemachten CO_2-Ausstoß sei die Energieerzeugung mit 64 % der größte Verursacher (17 % Forstwirtschaft, 14 % Landwirtschaft, 5 % Tourismus) – auch wenn die Kausalität nicht hundertprozentig bewiesen sei.

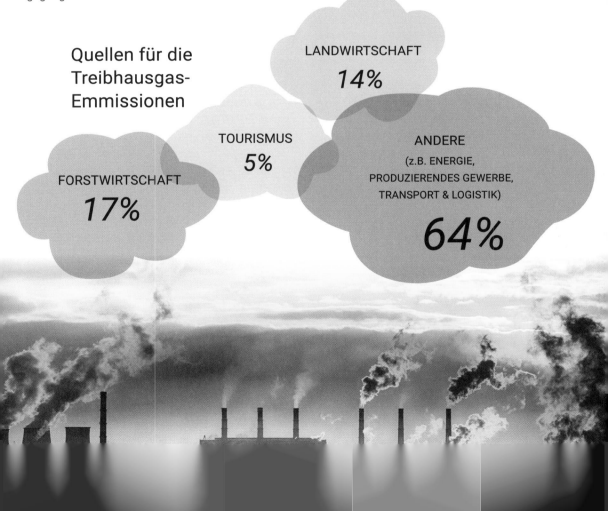

Quellen für die Treibhausgas-Emmissionen

LANDWIRTSCHAFT
14%

TOURISMUS
5%

ANDERE
(z.B. ENERGIE,
PRODUZIERENDES GEWERBE,
TRANSPORT & LOGISTIK)
64%

FORSTWIRTSCHAFT
17%

Deutschland und die Welt

„Ist unsere Energiewende ein Vorbild für die Welt? Oder eine dumme Idee, die unserer Wirtschaft schadet?" Diese Frage stellte Prof. Dr. Frank Hamelmann in seinem Vortrag und überließ dem RWE-Konzern die Antwort. Der hat 2012 gesagt: „Photovoltaik in Deutschland ist wie Ananaszucht in Alaska." 2016 sagte er: „Deutschland ist Solarland: Die Sonneneinstrahlung ist in Deutschland überall stark genug, damit sich Pacht oder Kauf einer Photovoltaikanlage für Sie rechnet."

Photovoltaik, so Hamelmann, sei inzwischen auf dem Weltmarkt ökonomisch konkurrenzfähig und optimal skalierbar. Der deutsche Zubau sei zwar verschwunden, aber global wachse sie 2013-2020 von 36 auf 120 GW. Der Markt werde so groß wie der Automarkt.

Die Hälfte aller weltweiten Investitionen in Windenergie findet inzwischen in China statt, so NRW-Umweltminister Johannes Remmel am Abend. In NRW gebe es ein Klimaschutzgesetz, ähnlich wie in Großbritannien und Österreich. Es umfasse 286 Maßnahmen und sei nach einem dreijährigen demokratischen Prozess verabschiedet worden. Ziel sei, bis 2050 den Kohlendioxid-Ausstoß um 80 % zu reduzieren. Nach dem Abkommen von Paris müssten es allerdings 95 % sein. Der Emissionshandel in Europa bringe zwar Effekte bei der CO_2-Einsparung, fördere aber nicht, wie ursprünglich gedacht, Investitionen in emissionsfreie Technik. Die Braunkohle bekäme erst ein Problem bei 40 € pro Tonne CO_2; jetzt liege der Preis bei 5-10 €. Remmel forderte eine europaweit abgestimmte Politik für erneuerbare Energien. Sie scheitere bislang an Frankreich, wo es keinen liberalen Strommarkt gebe. Deutschland fürchte im Gegenzug europäische Einsprüche gegen seine Industriepolitik.

Die globale Energiewende hilft auch gegen Ölpest, Wasserverschmutzung und Kriege. Darauf wies Thilo Kilper vom Oldenburger Unternehmen „Next Energy" hin. Eine grundlegende Transformation des globalen Energiesystems stehe an, bei der die alten fossilen und nuklearen Energiesysteme vollständig durch erneuerbare Energien abgelöst würden. Sonnenlicht und Wind seien freie Güter im Gegensatz zu Kohleminen, Uranminen, Erdöl- und Erdgasfeldern. Weltweit würden Kriege um die immer knapper werdenden fossilen und nuklearen Ressourcen abgewendet. Die Energiewirtschaft werde dezentralisiert und demokratisiert, die Energiewende zur Bürgerenergiewende.

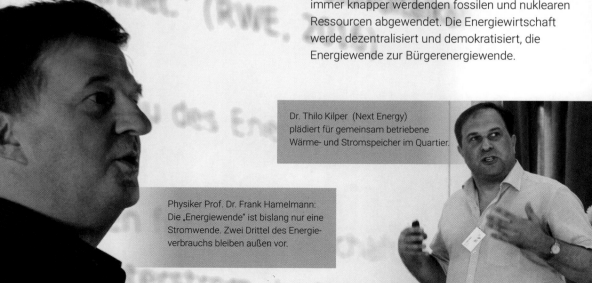

Dr. Thilo Kilper (Next Energy) plädiert für gemeinsam betriebene Wärme- und Stromspeicher im Quartier.

Physiker Prof. Dr. Frank Hamelmann: Die „Energiewende" ist bislang nur eine Stromwende. Zwei Drittel des Energieverbrauchs bleiben außen vor.

Wirtschaft oder Klimaschutz?

Bernhard Neugebauer, Geschäftsführer der Sennestadt GmbH, sagte in einem Kurzfilm über das Klimaquartier Sennestadt, dass es nicht um die Alternative „wirtschaftlich oder klimaorientiert" gehe, sondern um Lösungen, die wirtschaftlich und klimaorientiert seien. „Wir gehen den Schritt in die Zukunft."

Doch so ganz problemlos scheint dieses Zusammenspiel nicht zu sein. Franz Rother fragte in der Podiumsdiskussion: „Warum passiert so wenig in den Unternehmen?" Die Ökonomin Claudia Kemfert erwähnte in ihrer Antwort den Börsengang der EON-Auskopplung „Uniper", der zufällig am gleichen Tag stattfand. Sie sieht Licht und Schatten und resümiert: „Die Ökonomie reagiert, wenn auch schleppend." *> Details im Interview, Seite 40*

Umweltminister Remmel deutete in seiner Antwort die Schwierigkeiten an, die deutsche Umweltpolitiker mit der traditionellen deutschen Industriepolitik haben. *> Details im Interview, Seite 39*
Andererseits entstehen neue Geschäftsfelder wie das des „Wohnquartier-Betreibers", das Thilo Kilper skizzierte. *> Details auf Seite 31*

Energiewende ohne Wärmewende?

Gleich drei Sprecher betonten am 12. September 2016, dass die deutsche „Energiewende" bislang eine Stromwende ist – und leider noch keine Verkehrswende, noch keine Wärmewende, noch keine Ernährungswende. Das waren der Physiker Frank Hamelmann, NRW-Umweltminister Johannes Remmel und die Ökonomin Claudia Kemfert.

Details einer möglichen Wende auf dem Wärmemarkt wurden verschiedentlich angerissen. Im Zentrum stehen Wärmepumpen, die die geothermische Energie nutzen. Nachhaltige Wärmeerzeugung funktioniere am besten durch Wärmepumpen, so Hamelmann. Solarthermie komme nur ergänzend zum Einsatz.

Thilo Kilper propagierte die Sektoren-Kopplung auf Quartiersebene: „Power to Heat" über Wärmepumpen. Wärmepumpen könnten über 50 % der benötigten Heizenergie aus oberflächennaher Geothermie gewinnen, sagte Remmel. Sven Plöger wusste zu berichten, dass die Bavaria-Filmstudios mit Wärmepumpen heizen und so 98 % ihres wärmebedingten CO_2-Ausstoßes eingespart hätten.

Ebenfalls in München, so Remmel, laufe ein Projekt, bei dem Tiefen-Geothermie für ein Fernwärmenetz genutzt werde. Sven Plöger stellte auch sein eigenes Haus als positives Beispiel vor, das von Photovoltaik-gespeisten Infrarot-Heizkörpern sowie mit Holz beheizt werde.

Das Projektvideo „Klimaquartier Sennestadt" finden Sie unter:
bit.ly/video-klimaquartier

Bernhard Neugebauer

Die Sanierungsmanager etwa aus Bielefeld-Sennestadt und der InnovationCity Ruhr in Bottrop, die
am Tag der Sanierungskonzepte zu Wort kamen,
zeichneten ein anderes Bild der Lage.

Nach ihren Berichten ist die Erneuerung alter, in-
effizienter Heizungsanlagen eines der wichtigsten
Sanierungsmotive und steht deshalb, neben der
Wärmedämmung, im Mittelpunkt ihrer Aktivitäten
in den Quartieren. Auch der Anschluss vieler Häuser an Fernwärmenetze fällt in diese Kategorie.
Allerdings mindern sogenannte Rebound-Effekte
oft die Klimaschutzwirkung solcher Maßnahmen.
> Details auf Seite 35

Buchtipp: „Wissenschaftliche
Studie zur vollständigen
Transformation des
Energiesystems"

Studie HTW Berlin,
Prof. Quaschning
„Sektorkopplung durch
die Energiewende" 2016
400 GWp PV

Download der Studie unter:
bit.ly/sektorkopplung

Wo bleibt die Verkehrswende?

Das fragten Frank Hamelmann, Claudia Kemfert,
Johannes Remmel, Pit Clausen und mehrere
Zuhörer der Podiumsdiskussion. Hamelmann
kritisierte die absurden gewichtsabhängigen
Klimaklassen für Automodelle, die die deutsche
Autoindustrie durchgesetzt hat. Sie führten dazu,
dass ein Leopard-2-Panzer in die gleiche Klasse E
eingestuft werde wie ein älterer VW Golf.

Remmel erwähnte positive Gegenbeispiele in
Kalifornien, den Niederlanden, Norwegen und
Österreich. Viele laufen darauf hinaus, den Anteil
der Elektroautos stark zu vergrößern.
> Details im Interview, Seite 39

Pit Clausen, Oberbürgermeister von Bielefeld, lobte
die sich stark ausbreitenden E-Bikes als Einstieg
in die neue Elektromobilität und die im Ausbau be-
findliche Bielefelder Stadtbahn als soliden Beitrag
zur klassischen Elektromobilität. Bemühungen der
Stadt, ein Job-E-Bike für die Mitarbeiter der Stadt
einzuführen, seien leider vorerst an einem Tarif-
vertrag gescheitert.

Claudia Kemfert nannte China als positives Beispiel: Dort müssten Interessenten sieben Jahre
auf ein bestelltes Benzin- oder Diesel-Auto warten;
Elektroautos würden dagegen sofort ausgeliefert.

Plöger prophezeite, bis 2030 könnte es in Deutschland 6 Millionen Elektroautos geben. Beim „Tesla"
müsse nur der Apple-Effekt eintreten.
Übrigens stand ein Auto
dieses Typs vor dem
Hans-Ehrenberg-Gymna-
sium; Jens Ohlemeyer,
Vorsitzender des Vereins
KlimaWoche Bielefeld,
hatte es eigens ausgelie-
hen, um die Referenten
stilecht vom Bahnhof
abzuholen.

Sven Plöger im Tesla

Für den Güterverkehr nannten Hamelmann und
Remmel als Perspektive Elektro-Lkw mit Ober-
leitungsbetrieb auf den Autobahnen. Remmel
verwies auch auf den StreetScooter aus Aachen.
> Details im Interview, Seite 39

Stromnetz und Quartier

Es steht ein kompletter Umbau des Energiemarkts an: weg von zentralen Kraftwerken, hin zu dezentralem Mieterstrom und dezentralen Speichern; so führte Prof. Hamelmann aus. Ein Problem bestehe darin, das Stromnetz durch ein Gleichgewicht von Erzeugung und Verbrauch stabil zu halten.

Man könne ein 1000-MW-Kohlekraftwerk nicht durch zwei 500-MW-Offshore-Windparks ersetzen, weil das eine permanent liefert, die anderen schwankend. Eine Einspeisung von dezentral erzeugtem Strom auf allen Netzebenen sei schwierig. Im Winter 2013 mussten zeitweise Braunkohlekraftwerke aus der Grundlast zurückgefahren werden, um im Stromnetz Platz für Windstrom zu schaffen > siehe Grafik 1
Intelligent vernetzte virtuelle Kraftwerke lösten das Problem perspektivisch, so Hamelmann. Dabei spielen Stromspeicher im Haus und besser noch im Quartier eine wichtige Rolle.
> siehe Grafik 2

Thilo Kilper konkretisierte diesen Punkt: Flexibilität werde ein attraktives Produkt durch die Markteinführung von Stromspeichern auf Haus- und Quartiersebene sowie durch Techniken, die die Sektoren Strom, Wärme und Mobilität miteinander verkoppeln:

--> „Power to Heat" (P2H) über Wärmepumpen,

--> „Vehicle to Grid" (V2G) über Elektroautos und Pedelecs mit Ladestation,

--> „Power to Gas" (P2G) über die dezentrale Erzeugung von Wasserstoff mit Hilfe überzähligen Stroms.

Im Quartier könne das alles gebündelt werden. Kilper entwarf das neue Geschäftsmodell „Wohnquartier-Betreiber". Er sei verantwortlich für das Energiemanagement aller vernetzten

Grafik1

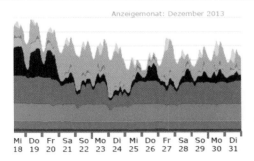

Im Dezember 2013 lieferte die Windkraft (grau) so viel Strom, dass die Braunkohle (hellbraun) zurückgefahren werden konnte.

Grafik 2

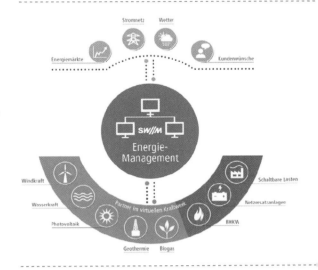

Konzept für ein virtuelles Kraftwerk der Stadtwerke München

regenerativen Erzeuger, für Stromspeicher und zeitlich steuerbare Verbraucher im Wohnquartier. Er organisiere die Direktversorgung der Quartiersbewohner (z.B. mit Mieterstrom aus Photovoltaik) und nutze das Wohnquartier zugleich als Flexibilitätsoption im Regelenergiemarkt. Die Stromspeicher im Quartier würden dadurch wirtschaftlicher.

Einen interessanten Nebenaspekt brachte David Nieslony von Phoenix Contact in seiner Präsentation ins Spiel: Er versucht, Algorithmen zu finden, mit deren Hilfe Anomalien im Stromverbrauch eines Industriebetriebs vorhergesehen werden können. Wenn das gelingt, kann man das ausgleichen, indem man rechtzeitig Anlagen ab- oder zuschaltet, die nicht zwingend akut gebraucht werden. Diese Ergebnisse lassen sich vielleicht auf das Wohnquartiers-Management übertragen. „Schiebbare" Stromverbraucher im Haushalt sind etwa Wasch- und Spülmaschinen.

An dieser Stelle war und ist es Zeit, einen Blick auf den Ort zu werfen, an dem alle diese Ideen ausgetauscht wurden: das Klimaquartier Sennestadt, das 2015 von der KlimaExpo NRW in die Riege der Leuchtturmprojekte aufgenommen wurde – 2. Platz in der Kategorie „Quartiere entwickeln". In einem integrierten Konzept zur energetischen Stadtsanierung unter dem Motto „Vitamine für das Wirtschaftswunder" hat das Unternehmen Jung Stadtkonzepte 2014 u. a. eine detaillierte Energiebilanz des Stadtviertels aufgestellt. Die wichtigsten Zahlen daraus in der *Grafik unten.*

Die wichtigsten Maßnahmen, um diese Bilanz zu verbessern, sind

--> ein Umbau der Energieversorgung in Form eines Bürgernetzes,

--> der Bau einer Klimaschutzsiedlung mit Häusern nach höchstem energetischen Standard,

--> die Verlängerung der Stadtbahn nach Sennestadt.

ENERGIEBILANZ VON BIELEFELD-SENNESTADT (STAND 2010)

MWh/A* Energieträger

102.200 ERDGAS

23.000 HEIZÖL

19.700 ATOMSTROM

8.000 STROM
aus erneuerbaren Energien

7.800 KOHLESTROM

MWh/A* Verbraucher

80.500 HEIZUNG privat

65.000 AUTOVERKEHR

26.370 LICHT & KRAFT privat

17.560 WARMWASSER privat

11.800 HEIZUNG, LICHT & KRAFT
öffentlicher Einrichtungen

10.100 HEIZUNG, LICHT & KRAFT
Gewerbe

* Megawattstunden pro Jahr

Lebensqualität und die Wünsche der Bewohner

Lebensqualität ist schwer zu messen und deshalb auch schwer zu erforschen. Dieses Problem des Wissenstransfers wurde am Tag der Prozesskompetenz ausführlich diskutiert > *siehe Seite 115.* Doch die Fachhochschule Bielefeld arbeitet bereits an Lösungen, und sie tut das mitten im Stadtlabor Sennestadt.

Johannes Weicht

Sie entwickelt zum Beispiel Sensoren, die das Lüftungsverhalten der Bewohner einer Wohnung und andere Faktoren des Raumklimas messen, wie der Physiker Johannes Weicht ausführte. Es sind Low-Cost-Sensoren, die sich für einen breiten Einsatz eignen. Sie messen Temperatur, Luftdruck, Luftfeuchtigkeit und Kohlendioxid-Gehalt der Innenluft, die Temperatur der Außenwand und bald auch die der Heizkörper. Sie befinden sich in der Regel auf dem Kleiderschrank und damit knapp über Kopfhöhe der Bewohner. Sie können zum Beispiel feststellen, ob sich auf der nicht isolierten Außenwand ein Wasserfilm bildet, der Schimmelpilze anzieht. Am stickigsten ist die Luft meist kurz nach Mitternacht. Das System könnte jetzt eine Lüftungsempfehlung ausgeben oder eine Belüftungsanlage anschalten.

Klaus Schlender

Eine Software für Smart Monitoring dient den Bewohnern dazu, selber ihre Energieeffizienz zu erfassen. Der Informatiker Klaus Schlender stellte sie vor und nannte Bedingungen: Sie müsse benutzerfreundlich oder gar persuasiv (überzeugend) sein und über den Webbrowser laufen. Perspektivisch könne sie einen Thermokopter ansteuern, also eine Drohne mit Wärmekamera, die das Gebäude umfliegt und ein 3-D-Wärmebild erzeugt. So machen sich die Bewohner auf spielerische Weise mit dem Gedanken vertraut, dass ihr Haus saniert werden muss. In der Diskussion mahnte der Psychologe Sebastian Bamberg an, schon beim Design solcher Anwendungen psychologische Fragen einzubeziehen, zum Beispiel die weit verbreitete Angst vor einem Kontrollverlust durch Automatismen.

Florian Steckel
Fabian Witthaus
Sven Ertel

Noch stärker ins Spielerische spielt der Sanierungskonfigurator, den die Informatiker Sven Ertelt, Florian Steckel und Fabian Witthaus vorstellten. Genau genommen ist der Konfigurator nur ein Teil einer Softwarelösung, die die Menschen der Sennestadt motivieren soll, sich mit der energetischen Sanierung auseinanderzusetzen. Dazu gehören auch ein CO_2-Rechner und ein Sanierungsspiel. Im Konfigurator können die Benutzer ihren Haustyp auswählen (Einfamilienhaus, Reihenhaus, Mehrfamilienhaus), dazu

01

Wärmeschutzfenster, Isolierungen, einen Fernwärmeanschluss usw. „kaufen" und damit CO_2-Punkte erzielen, die in einen Wettbewerb mit Nachbarhäusern treten. Sanierungsmanager Thorsten Försterling kündigte an, den Konfigurator im Sanierungsmanagement für die Sennestadt einzusetzen. Der Psychologe Bamberg stellte in Frage, ob es wirklich eine Konkurrenzsituation ist, die Menschen zum Mitmachen bewegt.

Ein wichtiges Bedürfnis der vermessenen und datenerfassten Bürgerinnen und Bürger ist der Datenschutz. Experte Prof. Dr. Christoph Thiel führte aus, wie man Datenschutz bereits in die Konzeption von datenerfassenden Systemen einbaut – und was aus ihm wird, wenn der Quantencomputer kommt: Vektoren statt Faktoren.

Auch das NIMBY-Phänomen war am 12. und am 15. September präsent: Bürgerinnen und Bürger, die keine Windräder hinter und keine Stadtbahn vor ihrem Haus haben möchten. Not in my backyard – nicht in meinem Hinterhof bitte! Auch dieses Prinzip motiviert Menschen zu allerlei Ideen und Aktivitäten.

02

01 Prof. Dr. Christoph Thiel: Datenschutz in Zeiten des Quantencomputers

02 Thermokopter machen Wärmeverluste sichtbar.

Download der Vorträge/Grafiken unter:
bit.ly/ifesym2016

03

04

03 Die Forscher der FH Bielefeld statten eine Wohnung mit Sensoren aus.

04 Low-cost-Sensor auf dem Wohnzimmertisch

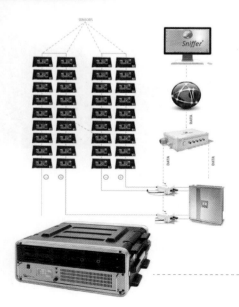

Rebound-Effekte und soziale Normen

Psychologe Bamberg: Tests in USA haben gezeigt, dass soziale Normen für die meisten der beste Grund sind, um ihr Alltagsverhalten zu ändern.

Schon oft haben Sanierungsmanager festgestellt, dass der Energieverbrauch in sanierten Wohnungen mit guter Isolierung und effizienter Heizung nicht wesentlich absinkt. Experten sprechen von Rebound-Effekten. Sie können struktureller Natur sein: immer mehr Single-Haushalte mit entsprechend größerem Flächen- und Heizbedarf pro Kopf.
Oder psychologischer Natur. Darüber klärte der Psychologe Sebastian Bamberg das Publikum in seinem kurzweiligen Vortrag auf.
Außerdem ging er der Frage nach, was Menschen motiviert, ihr Verhalten zu ändern: Es sind vor allem soziale Normen. > *Details im Essay, Seite 41*

Stadt und Wissenschaft

Umweltdezernentin Anja Ritschel hatte zum Auftakt des Symposiums darüber gesprochen, wie Stadt und Hochschulen, Stadt und Wissenschaft zusammenkommen: „Wir brauchen als Stadt die Wissenschaft, um die Stadtentwicklung voranzutreiben." Die Einzelbeiträge zeigten, dass auch umgekehrt die Wissenschaft die Stadt und die Bürger braucht: als Experimentierfeld und Versuchsobjekte, als Teilnehmerinnen, als Motivatorin, deren Bedürfnisse Forschungen und Entwicklungen anstoßen.

Wie alltagsnah es dabei zugehen kann, zeigten zum Beispiel die Lüftungssensoren oder auch die umgebauten Spiegelreflexkameras, die in der Lage sind, fehlerhafte Bereiche von Solarmodulen aufzuspüren – vorgestellt von Konrad Mertens, Elektrotechniker aus dem Photovoltaik-Prüflabor der Fachhochschule Münster.

Thermographiebilder und Messdiagramme
helfen den Bewohnern

Interview mit Prof. Dr.-Ing. Grit Behrens, Professorin für Angewandte Informatik an der Fachhochschule Bielefeld (Campus Minden)

Welche Disziplinen müssen zusammenwirken, um ambitioniert nachhaltige Energiekonzepte zu entwickeln und zu realisieren?
Ingenieurwissenschaftler entwickeln die Technologien zur Nutzung erneuerbarer Energien in Zusammenarbeit mit Physikern, die meistens die Grundlagenforschung dazu machen, so zum Beispiel bei der Entwicklung der Photovoltaik.

Informatiker integrieren das in digitale Monitoringsysteme und in Billing-Applikationen, etwa Abrechnungssysteme für Stromladesäulen für E-Fahrzeuge, die von überschüssigem Mieterstrom gespeist werden. Die gesellschaftliche Akzeptanz der neuen Technologien wird in interdizplinärer Zusammenarbeit von Informatikern und Sozialwissenschaftlern vorangetrieben.

Im Sennestadtlabor entwickeln wir zum Beispiel Fragebögen und Sanierungsspiele, um die Einwohner davon zu überzeugen, dass sie Sanierungsmaßnahmen an ihren Mehrfamilienhäusern durchführen. Informatiker werten die Messdaten aus den Wohnungen aus und anlysieren daraus das Nutzerverhalten. So kommen wir dahinter, wieso Rebound-Effekte entstehen. In Kooperation mit Psychologen entwickeln sie interaktive Begleitinstrumente, die die Nutzer so beeinflussen sollen, dass Rebound-Effekte möglichst ausbleiben.

Wie können wir die Bereiche Strom, Heizung und Wärmedämmung zu einer energetischen Gesamtperspektive verbinden?
Der Forschungsschwerpunkt IFE arbeitet an einem Rechenkonzept zur Gesamtenergiebilanz der Wohnungen vor und nach der Sanierung. Dabei wird pro Wohnung der verbrauchte Strom gemessen und die verbrauchte Heizenergie. Wir machen Thermographieaufnahmen und messen mit Thermometern an den Innen- und Außenwänden die Wärmeenergieverluste durch die Gebäudehülle vor und nach der Sanierung und beziehen sie in die Gesamtenergiebilanzen ein. Rein rechnerisch ist das natürlich vorher schon möglich. Doch die Thermographiebilder und die Messdiagramme helfen den Bewohnern, die tatsächlichen Zusammenhänge zwischen Strom, Heizung und Wärmedämmung zu verstehen und den Umgang damit bewusster zu gestalten.

Datenmonitoring vor, während und nach der Sanierung, gemeinsam mit der Bewohnerin.

Bild rechts:
Marc Wübbenhorst,
Prof. Dr. Grit Behrens

Was kann das Stadtlabor Sennestadt für die Forschung, die gesamte Stadt Bielefeld und für andere Städte leisten?

Die experimentellen Untersuchungen und Messungen, die Analysen und Auswertungen, auch die Fragebogenaktionen im Sanierungsprozess stellen wegen der interdisziplinären Herangehensweise ein einzigartiges Forschungsprojekt dar.

Die Ergebnisse sollen in einen Forschungsprototypen einmünden. Ziel ist ein kostengünstig herstellbares Produkt, das in Zukunft eine breite Anwendung in sanierten Altbaugebieten finden kann.

Wo kommt die Forschung, die Sie treiben, der Lebensqualität der Menschen zugute?

Die Messinstrumente in den Wohnungen der Sennestadt analysieren die Luftqualität. Interaktive Displays sollen die persönlichen Wohlfühlparameter für die Raumluft aufnehmen. Das Benutzerverhalten soll in den Musterwohnungen durch wissenschaftliche Analyse so eingestellt werden, dass die Bewohner sich mit dem Raumklima wohl fühlen, ohne dass sie gegen die Spareffekte anheizen. Kurzfristig wird die Raumluft gesünder sein, da kein Schimmel mehr aufkommt. Und es wird Einsparungen bei den Energiekosten geben. Langfristig dient das neu erlernte Verhalten dem Klimaschutz.

Forschungsschwerpunkt „Interdisziplinäre Forschung für dezentrale, erneuerbare und sichere Energiekonzepte":
www.fh-bielefeld.de/
minden/forschung/ife

Solar Computing Lab:
www.facebook.com/
SolarComputingLab

„Langfristig dient das neu erlernte Verhalten dem Klimaschutz."

Prof. Dr. Grit Behrens

Energiewende ist nicht nur Stromwende

Fragen an NRW-Umweltminister
Johannes Remmel

Sind Sie zufrieden mit der Energiewende in NRW?

Wir haben ein Klimaschutzgesetz und einen Klimaschutzplan in NRW, wie auch in Großbritannien und Österreich. Der Klimaschutzplan umfasst 286 Maßnahmen und wurde nach einem dreijährigen demokratischen Prozess verabschiedet. Wir wollen demnach bis 2050 den Kohlendioxid-Ausstoß des Landes um 80 % reduzieren. Nach dem Klimaschutz-Abkommen von Paris müssten es allerdings 95 % sein. Die „Energiewende" ist bislang nur eine Stromwende. Was ist mit Heizung, Mobilität, Ernährung? NRW stößt 16 Tonnen Kohlendioxid pro Kopf aus, Deutschland 8-10 Tonnen und Indien 1-2 Tonnen. Wir müssen auf 2 -3 Tonnen kommen, und dafür brauchen wir die anderen Sektoren.

Stößt Ihre Politik auf Widerstand im Industrieland NRW?

Ja. Schwierig ist zum Beispiel der Umgang mit der Stahl-, der Zement- und der Papierindustrie. Das sind Branchen mit extrem hohem Energieverbrauch. Das ist die anspruchsvolle Herausforderung. Wir wollen ein CO_2 -neutrales Industrieland werden.

Wie sieht die Perspektive beim Verkehr aus?

Wie kriegen wir die Transformation in die Mobilität? Das ist in der Tat die Frage. In den Niederlanden, in Norwegen und Österreich wird diskutiert, ab 2025 keine fossilen Autos mehr zuzulassen. In Kalifornien müssen Unternehmen bestimmte aufwachsende Prozentsätze an emissionsfreien Autos in den Markt bringen (bis 2030 100 %). Wer die Grenze überschreitet, zahlt eine Abgabe, und die geht an die Firmen, die die Quote erfüllen. Das sind interessante Modelle.

Oder die Perspektive, dass ab 2030 die Innenstädte emissionsfrei sein müssen. Die Firmen können steuerbegünstigte E-Bikes leasen. Das Land baut Radschnellwege... Viele Wege führen nach Rom. Die Ergebnisse sollen in einen Forschungsprototypen einmünden. Ziel ist ein kostengünstig herstellbares Produkt, das in Zukunft eine breite Anwendung in sanierten Altbaugebieten finden kann.

Kann die Bahn einen Großteil des Güterverkehrs übernehmen?

Leider nicht so viel wie nötig wäre. Die Bahn schafft das kapazitätsmäßig oft nicht. Die LKW müssen langfristig auch emissionsfrei werden.

Ein Riesenproblem ist übrigens der umwelt- und klimaschädliche Schiffsverkehr auf den Weltmeeren. Was mich ermutigt, sind Erfolgsgeschichten wie die aus Aachen: Da hat eine Ausgründung der RWTH den StreetScooter entwickelt – emissionsfreie, kostengünstige Lieferfahrzeuge, die in kleinen Stückzahlen produziert werden können. Die Post hat das Unternehmen gekauft und setzt die Fahrzeuge in der Paketzustellung bereits in Bonn und Bochum ein. In den nächsten drei Jahren sollen circa 3000 Fahrzeuge auf die Straßen gebracht werden.

www.umwelt.nrw.de

Kurzlink:
bit.ly/klimaschutzplan-nrw

STROM

HEIZUNG

ENERGIEWENDE

MOBILITÄT

ERNÄHRUNG

Finanzmärkte warnen vor Saurier-Investitionen

Fragen an die Ökonomin und Energiemarkt-Expertin Prof. Dr. Claudia Kemfert

Die Energiewende ist seit vielen Jahren ein großes Thema. Warum tut sich bei den deutschen Großunternehmen so wenig in der Sache?

Die Geschäftsmodelle ändern sich grundlegend, da man weggeht von zentralen und unflexiblen Atom- oder Kohle-Großkraftwerken hin zu dezentralen, flexiblen und intelligenten Energiesystemen. Die Struktur des Energiemarktes ändert sich somit grundlegend, viele kleine und mittelständische Anbieter und auch Bürgerenergien kommen hinzu. Die großen Konzerne tun sich schwer und haben zu spät reagiert. Aber auch sie investieren mittlerweile und ändern ihre Strategien.

Müssen die Regierungen mehr Druck machen?

Sicherlich. Auf globaler Ebene gibt es das Pariser Klimaschutz-Abkommen, die EU setzt ambitionierte Ziele und auch Deutschland hat jüngst einen Klimaschutzplan erarbeitet. Das alles zeigt Wirkung, vor allem bei den Finanzmärkten. Um die Klimaziele zu erreichen, müssen drei Viertel der noch vorhandenen fossilen Brennstoffe in der Erde bleiben. Die Risiken der Investitionen in fossile Energien sind mittlerweile zu groß, erneuerbare Energien werden immer billiger. Die Finanzmärkte warnen somit zu recht vor Saurier-Technologien.

Die Energiewende scheint sich aber bislang auf den Strommarkt zu beschränken.

In der Tat, es gibt immer noch keine Verkehrswende und auch keine Wende bei der Heizenergie.

Kurzlink:
bit.ly/diw-energie

Dabei sind die wirtschaftlichen Chancen riesig. Da müssen erst kalifornische Umweltgesetze kommen, um ein Umdenken in Deutschland anzuschieben.

Liegt es an den Verbrauchern, die sich von ihren SUVs nicht trennen wollen?

Die Verbraucher würden durchaus umweltschonende Fahrzeuge kaufen, wenn diese finanziell attraktiv sind. Wenn allerdings konventionelle Antriebe, allen voran Diesel, steuerlich bevorzugt werden, muss man sich nicht wundern, wenn die Anzahl umweltschädlicher SUVs zunimmt. Das könnte man leicht ändern, die Politik muss es nur wollen.

Menschen sind
kooperative Gruppenwesen

Der Psychologe Prof. Dr. Sebastian Bamberg
über Rebound-Effekte und soziale Normen

Rebound-Effekte machen technische Effizienzgewinne oft in der Praxis wieder zunichte. Das frisch isolierte Haus verschafft seinen Bewohnern ein gutes Gewissen. Doch ein gutes Gewissen verführt viele Menschen dazu, ihr reales Verhalten zu verschlechtern: Sie sparen nicht mehr beim Heizen, weil doch jetzt alles geregelt und optimiert ist. Das war schließlich teuer genug.

Da Menschen kooperative Gruppenwesen sind, spielen soziale Normen für sie eine große Rolle – auch wenn vielen das gar nicht bewusst ist oder sie sogar abstreiten würden, sich in ihrem Verhalten durch soziale Normen beeinflussen zu lassen.

Das von Cialdini und Kollegen (1990) durchgeführte Parkhaus-Experiment liefert aber einen überzeugenden empirischen Beleg dafür, wie soziale Normen unser Verhalten beeinflussen:

Man hat an den Scheiben aller Autos auf einem Parkdeck Werbezettel befestigt und dann beobachtet, ob die Autobesitzer die Zettel auf den Boden werfen. Dabei gab es zwei Zusatzbedingungen: einmal war der Boden des Parkdecks sauber, einmal war er vermüllt; einmal hat eine

Modellperson im Blickfeld des Probanden den Zettel fallen lassen, einmal ging das Modell nur am Probanden vorbei.

Ergebnis: 14 % der Probanden werfen den Zettel auf den sauberen Boden, 32 % auf den vermüllten Boden, wenn das Modell vorbeigeht. Letztere Rate steigt auf 54 %, wenn das Modell die Sünde vorgemacht hat. Auf dem sauberen Boden dagegen sinkt die Rate von 14 auf 6 %, wenn die Sünde vorgemacht wurde. Offenbar interpretieren

die VersuchsteilnehmerInnen den sauberen Boden als Anzeichen dafür, dass an diesem Ort die soziale Norm gilt, keinen Müll auf den Boden zu werfen.

Das Fehlverhalten der Modellperson erinnert die Probanden daran, sich an diese Norm halten zu wollen. Konsequenz: Sie halten sich noch stärker an die soziale Norm, den Zettel nicht auf den Boden zu werfen.

Wie verhal folgenden

In einer anderen Studie in Kalifornien untersuchten Schulz und Kollegen (2007) , welche Argumente Bewohner eines Hochhauses dazu bewegt haben, im Sommer die Klimaanlage abzuschalten und stattdessen Ventilatoren zu benutzen, um Strom zu sparen. Es gab ein:

--> **Nutzenargument**
    (Du sparst Geld)
--> **ein ethisches Argument**
    (Du hast Verantwortung für das Klima)
--> **ein politisches Argument**
    (Du hilfst, die Umwelt zu schützen)
--> **eine deskriptive soziale Norm**
    (Die Nachbarn tun es bereits)

Diese wurden über Türanhänger kommuniziert, jeweils sechs Mal. Messbar positiv gewirkt hat nur das deskriptiv soziale Argument mit den Nachbarn. Man kann die Wirkung deskriptiver sozialer Normen noch verstärken, wenn man zusätzlich eine unterstützende injunktive Norm in Form eines lobenden Smilies kommuniziert: „Die Nachbarn tun es, und das ist auch gut so."

Ein Stromunternehmen hat daraufhin seine Rechnungen mit grafischen Hinweisen versehen: ein Vergleich des individuellen Stromverbrauchs mit dem der Durchschnittsnachbarn und dem der besonders effizienten Nachbarn.

Dadurch sank der Stromverbrauch seiner Privatkunden um 2%. Eine kurzfristige Preiserhöhung muss schon 9–31% betragen, um eine ähnlich starke Wirkung zu erzielen.

Offenbar orientieren sich Menschen nicht nur an ihrem ökonomischen Eigennutz, sondern auch an den sozialen Erwartungen der Menschen, mit denen sie zusammenleben.

Download des Vortrags unter:
bit.ly/soziale-mobi

n Sie sich
tuationen?

Wirkung der Intervention:

Durchschnittlicher Energieverbrauch des Haushalts nach Intervention

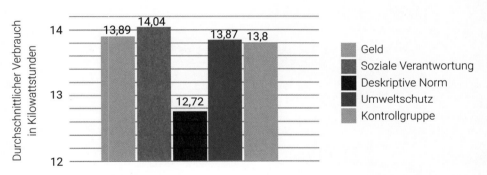

Die Stromzähler zeigen es:
Nur die soziale Norm (schwarzer Balken) hat wirklich gewirkt.

Zentrales Element der Opower Intervention:

Durchschnittlicher Energieverbrauch des Haushalts nach Intervention

Last month neighborhood Comparison | Last month you used 15% LESS
electricity than your efficient neighbors.

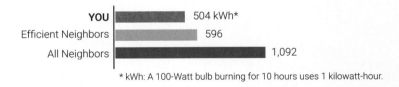

* kWh: A 100-Watt bulb burning for 10 hours uses 1 kilowatt-hour.

CHECKLISTE
»Klimaschutz im Quartier«

Aus den Erkenntnissen der interdisziplinären Forschung und Entwicklung an der Fachhochschule Bielefeld, wie sie 2016 im Symposium der Fachöffentlichkeit vorgestellt wurden, lässt sich eine Checkliste für erfolgversprechende Klimaschutzprojekte auf Quartiersebene ableiten.

[01] Werden die Wünsche der Bewohner abgefragt?

[02] Können Bewohner ihre eigene Energieeffizienz messen und erfassen?

[03] Ist bei der Datenerfassung der Datenschutz gewährleistet?

[04] Stehen standardisierte und durchgerechnete Haustypen als exemplarische Sanierungsprojekte zur Verfügung?

[05] Wird über Photovoltaik Eigenstrom erzeugt?

[06] Werden die Sektoren Strom und Wärme gekoppelt – z. B. durch Wärmepumpen?

[07] Sind Wärme- oder Stromspeicher auf Quartiersebene geplant?

[08] Werden die Sektoren Strom und Mobilität gekoppelt – z. B. durch Ladestationen für E-Bikes und Elektroautos?

[09] Erfassen Sie Rebound-Effekte? Ermitteln Sie Methoden, um Rebound-Effekte zu verringern?

[10] Ist ein Wohnquartier-Betreiber vorgesehen, der die Anlagen aus Punkt 5-8 bewirtschaftet?

[11] Gibt es ein Mobilitätskonzept, das den Modal Split zulasten des Autoverkehrs verändert?
> *Details auf Seite 52*

Fragen des Tages beantwortet

Welchen Stellenwert hat Deutschland im internationalen Vergleich bei der Energiewende?

Bei der Förderung erneuerbarer Energien steht Deutschland vorn, ist aber dabei abzufallen. Bei der Verkehrswende hinkt Deutschland z. B. hinter Kalifornien und Österreich hinterher.

Wie schaffen wir den Spagat zwischen Klimaschutzzielen und sozial-ökonomischen Bedürfnissen?

Indem die Lebensqualität zum Maßstab in Klimaschutzprogrammen wird; und indem der Finanzmarkt vor Investitionen in den Komplex Kohle-Öl-Gas-Atom warnt.

Welche Disziplinen müssen zusammenwirken, um ambitionierte Energiekonzepte zu entwickeln und zu realisieren?

Physik, Informatik, Maschinenbau, Elektrotechnik, Bauingenieurwesen, Architektur, Betriebswirtschaft, Volkswirtschaft, Psychologie, Soziologie, Geographie, Geologie, Linguistik, Grafikdesign und zwei oder drei, an die wir gerade nicht denken.

Wie können wir die Bereiche Strom, Heizung und Wärmedämmung zu einer energetischen Gesamtperspektive verbinden?

Das geht am besten auf Quartiersebene: durch gemeinsam verwaltete Wärme- und Stromspeicher, Wärmepumpen, Ladestationen für E-Mobile usw.

MOBIL
SEIN

48   **Eine Mobilitätsstation für die Sennestadt?**
Diskussionsveranstaltung des Bielefelder Verkehrs-
betriebs moBiel und der Sennestadt GmbH

50   **Ergebnisse des Tages**
> Wieso das Auto im Fußgängerrevier noch dominiert
> Multimodalität und Nahmobilität in Bielefeld

54   **Das Konzept Mobilstation**
Umsteigeorte für multimodale Mobilität
von Eva Frensemeier

57   **Fragen des Tages, beantwortet**

Eine Mobilitätsstation für die Sennestadt?

Wenn die Stadtbahn kommt: Wie können Stadtbahn, Bus, Car-Sharing und Radverkehr besser vernetzt werden?

SENNESTADT GmbH
Stadtteilentwicklung seit 1956
60 Jahre

VERANSTALTER:
moBiel Gmbh
Sennestadt GmbH

REFERENTEN:
Markus Dreier
Verkehrsplanung
moBiel

Eva Frensemeier
Fakultät Raumplanung
der Technischen
Universität Dortmund

Stephanie Dietz
Amt für Verkehr
der Stadt Bielefeld

MODERATOR:
Hartwig Meier
Verkehrsplanung
moBiel

Diskussionsveranstaltung des Bielefelder Verkehrs-betriebs moBiel und der Sennestadt GmbH

--> Mobilstationen – Umsteigeorte für multimodale Mobilität
Eva Frensemeier

--> Was heißt Multimodalität für ein Verkehrsunternehmen?
Markus Dreier

--> Multimodalität in der Nahverkehrsentwicklung in Bielefeld
Stephanie Dietz

www.mobiel.de

www.sennestadt-klimaquartier.de

Eva Frensemeier: Mobilstationen müssen gut vermarktet werden.

Markus Dreier: Integrierte Mobilitätsdienste fördern die Kundenbindung.

Stephanie Dietz: 51% der Bielefelder fahren auch 2 km mit dem Auto.

„Vandalismus ist beim Car-Sharing offenbar kein Problem."

Hartwig Meier

Hartwig Meier führte die Teilnehmer durch die Veranstaltung

Wieso das Auto im Fußgängerrevier noch dominiert

StadtBahn Bielefeld 2030
Empfehlung Zielnetz 2030

Legende:
- Bestand
- Zielnetz 2030
- optionale Strecken

Stand: Januar 2012

Wie können Stadtbahn, Bus, Car-Sharing, Rad- und Fußverkehr besser vernetzt werden? Dieser Frage ging die Fachtagung des Bielefelder Verkehrsbetriebs moBiel am Tag der Mobilität nach.

Was tun, wenn die Stadtbahn ins Klimaquartier Sennestadt kommt? Brauchen wir dann eine Mobilitätsstation, um alle Verkehrsmittel besser zu vernetzen? Hartwig Meier, Verkehrsplaner bei moBiel, eröffnete mit dieser Frage die öffentliche Veranstaltung am 15. September 2016 in Bielefeld-Sennestadt.

Auswärtige mag die Tatsache überraschen, dass die Stadtbahn dort noch gar nicht fährt. In der Tat: Die Sennestadt ist etwa 17 km von der Bielefelder Innenstadt entfernt. Es führt zwar eine Stadtbahn in die Richtung, die Linie 1 – aber sie endet seit vielen Jahrzehnten in der Ortschaft Senne, etwa 5 km vor den Toren der Sennestadt.

Schon seit den 1970er Jahren gibt es Planungen, sie in die Sennestadt hinein zu verlängern. Auch im aktuellen Konzept „MoBiel 2030" spielt das Projekt eine wichtige Rolle.[1]

Kurzlink:
[1] bit.ly/mobiel2030

Das Konzept Mobilstation

Eine Mobilstation verknüpft mehrere Bahn- und Buslinien mit komfortablen Fahrradstellplätzen, einer Car-Sharing- und Bike-Sharing-Station sowie idealerweise mit einer Mobilitätsberatung. Eva Frensemeier, wissenschaftliche Mitarbeiterin der Fakultät Raumplanung an der Technischen Universität Dortmund, stellt eine Untersuchung über sog. Mobilstationen in Hamburg, Offenburg und Köln vor > *siehe Essay, Seite 54*

Die Diskussion darüber berührte die Frage, wie die Generationen und unterschiedliche soziale Schichten die neuen Angebote nutzen. Jüngere gehen, so Frensemeier, als Vorreiter und Vorbild voran. Die Handy-App zum Angebot wurde in Hamburg allerdings auch von Jüngeren nur zögernd heruntergeladen.

Ist die Wartung von Car-Sharing-Autos nicht zu teuer? Cambio Car-Sharing in Bielefeld[2] existiert seit über 15 Jahren und wächst stetig weiter, gehemmt nur durch die Knappheit an mietbaren Stellplätzen, wie Hartwig Meier berichtet. Vandalismus sei dort offenbar kein Problem.

Cambio CarSharing-Stationen in Bielefeld und der Region

Kurzlink:
[2] bit.ly/cambio-bi

Multimodalität und Nahmobilität in Bielefeld

„Multimodal" soll sie sein, die Mobilität der Zukunft. Das bedeutet: Die Bürgerinnen und Bürger sollen je nach Situation zu Fuß gehen, mit dem Fahrrad oder E-Bike fahren, Busse und Bahnen benutzen, auf Car-Sharing-Autos zurückgreifen oder, wenn vorhanden, das eigene Auto nutzen – und nicht mehr gewohnheitsmäßig nur ein einziges dieser Verkehrsmittel (in der Regel das eigene Auto). Wie es darum in Bielefeld bestellt ist, darüber berichten Markus Dreier, Verkehrsplaner bei moBiel, und Stephanie Dietz vom Amt für Verkehr der Stadt Bielefeld.

Welche Chance geben die Bielefelder der Nahmobilität ohne Motor?

Stephanie Dietz präsentiert ernüchternde Zahlen aus einer Untersuchung von 2010:

--> 54 % aller Wege in Bielefeld werden mit dem Auto zurückgelegt (Sennestadt: 62 %),

--> 16 % mit Bus und Bahn (Sennestadt: 14 %),

--> 15 % mit dem Fahrrad (Sennestadt: 14 %),

--> 15 % zu Fuß (Sennestadt: 10 %).

Selbst im 2-Kilometer-Umkreis, der idealen Fußwegentfernung, wählen die Bielefelder in 51 % der Fälle das Auto. Im 5-Kilometer Umkreis, der idealen Fahrradentfernung, sogar in 64 % der Fälle. Im 10-Kilometer-Umkreis (Auto: 66 %), holen die Öffis auf 24 % auf.

Dietz plädiert für sicherere und komfortablere Radwege. Mobilstationen nützten wenig, wenn man mit dem Fahrrad schlecht hinkommt.

Es gebe in Bielefeld ungenutzte Potenziale – z. B. die fast zwei Fahrräder, die jeder Haushalt im Schnitt besitzt. Spezifische Vorteile der Verkehrsmittel müssten erkannt, kombiniert und besser genutzt werden. Oberbürgermeister Pit Clausen wolle die Radfahrquote von 15 auf 25 % steigern, hieß es in der Diskussion. Dabei könne er sich Rat aus der Fahrradmetropole Münster holen.

Die Bielefelder Stadtbahn ist aus Sicht von moBiel das Rückgrat der nachhaltigen Mobilität: Sie sei barrierefrei, verknüpfe die Zentren und Unterzentren, schone Klima und Ressourcen, spare Platz im knapp bemessenen Stadtraum; sagt Markus Dreier, Verkehrsplaner bei moBiel.

www.mobiel.de/services/kombiniert-mit-mobiel

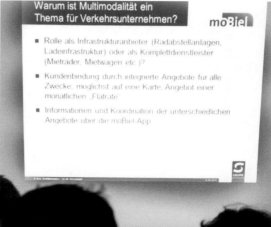

...d direkt am Verknüpfungspunkt:
...greenstation Sieker (2014)

moBiel

Tankstelle Autogas LPG,

Tankstellen für
Elektrofahrzeuge, PV

Verleih Elektrofahrzeuge
und Elektrofahrräder,

abschließbare Radboxen
mit Lademöglichkeit,

Vorabend-Check-in
Flughafen PAD,

Stellplätze

Betreuung durch
Personal

Für den Verkehrsbetrieb stelle sich eine Rollenfrage: Will er nur die Infrastruktur anbieten oder eine komplette Dienstleistung inklusive Leihrädern, Car-Sharing usw.? Die Integration, so Dreier, fördere die Kundenbindung durch eine integrierte Karte, eine moBiel-App und ähnliche Angebote. Das Umfeld einer Mobilstation müsse attraktiv sein.

Ob das bei der Endstation Sieker an der Detmolder Straße der Fall ist? Sie bildet jedenfalls seit 2009 einen Verknüpfungspunkt mit Stadtbahn, Buslinien, Car-Sharing, Fahrradstation. Seit 2014 gibt es dort auch eine Ladestation für Elektroautos und Boxen für E-Bikes sowie einen E-Bike-Verleih, der vom moBiel-Pförtner betreut wird. Die Nutzung der Zusatzangebote ist allerdings noch schwach, gibt Dreier zu. Es müsse wohl erst mehrere solche Stationen geben, damit sich die Kombi-Angebote herumsprechen können. In der Diskussion kritisierten mehrere Teilnehmer das unschöne Ambiente der Endstation Sieker, das nicht gerade geeignet sei, Werbung für das Konzept der Mobilstation zu machen.

Radstation
moBiel

Eine Chance für die Sennestadt

Vielleicht könnte die erste „richtige" Mobilstation Bielefelds in der Sennestadt entstehen? Mobilstationen wären, so Dreier, am Bahnhof Sennestadt und am Sennestadthaus möglich, sobald dort die Stadtbahn verkehrt. Händler könnten die Betreuung der Sharing-Angebote übernehmen. Ein Problem sei an beiden Stellen der begrenzte Raum. Ein Verknüpfungspunkt am Bahnhof Sennestadt werde 2017 gebaut. Wegen seiner peripheren Lage und des unattraktiven Umfelds seien dort aber eher keine Sharing-Angebote zu erwarten.

Die Sennestadt kann, so Hartwig Meier, mit einem guten Fußwegenetz punkten. Das allerdings, wie die Zahlen sagen, bislang wenig genutzt wird, um von A nach B zu kommen.

Wie etabliert man Mobilstationen in einem Stadtteil wie Sennestadt, ohne Leute auszuschließen, denen die Vielfalt der Angebote vielleicht zu kompliziert ist? Dafür braucht man, so Frensemeier, gute Plakate und übersichtlich informative Schilder. Andere Vorschläge aus dem Plenum: Man solle aktiv auf Bürger, zum Beispiel Migranten, zugehen über Vereine und konkrete, auf Zielgruppen zugespitzte Angebote machen. Die Station müsse gut aussehen, zentral liegen, so dass man sich dort gerne aufhält und gerne Leute trifft. Vielleicht ein Pokémon-Spiel oder ähnliches, das die Mobilstation zum Schauplatz macht?

Es bleibt die Frage, wie wir gewohnheitsmäßige Autofahrer dazu bewegen können, mehr zu Fuß zu gehen. Eine mögliche, aber kontroverse Antwort gibt Jens Jürgen Korff vom Umweltverband BUND: Die Autos sollten nicht mehr so nah an den Wohnungen abgestellt werden können. Wer auf dem Weg zum Auto die Apotheke schon sehen könne, der er zustrebt, werde das Auto wahrscheinlich stehen lassen. Zugleich könne hier die Antwort auf die Frage liegen, wo der Platz für Mobilstationen, breitere Radwege und breitere Fußwege herkommen soll.

Das Konzept
Mobilstation

Umsteigeorte für multimodale Mobilität / Von Eva Frensemeier

Eine Mobilstation verknüpft mehrere Bahn- und Buslinien mit komfortablen Fahrradstellplätzen, einer Car-Sharing- und Bike-Sharing-Station sowie idealerweise mit einer Mobilitätsberatung.
Sind Mobilstationen ein möglicher Lösungsweg, die Städte vom Autodogma der 1960er Jahre zu befreien und das nach wie vor steigende Verkehrsaufkommen im Stadtraum zu reduzieren?

Wir haben untersucht, ob Mobilstationen multimodales Verhalten fördern können. Damit ist vor allem der Umstieg vom eigenen Auto auf alternative Angebote und die Kombination von Alternativen gemeint. Außerdem wollten wir wissen, ob sie die Lebensqualität in Städten steigern und sich positiv auf den Stadtraum auswirken können.
Best-Practice-Beispiele gibt es in den Städten Hamburg und Offenburg. Unsere eigene Untersuchung fand im Kölner Stadtteil Ehrenfeld statt.

In Hamburg heißen die Stationen Switchh.
Wir haben die seit 2013 betriebene Station Berliner Tor näher analysiert. Auffällig ist die grüne Pflasterfläche, die unter allen Verkehrsmitteln zu finden ist. Sie dient zur Wiedererkennung der Stationen im öffentlichen Raum. Bisher sind 9 von den 15 geplanten Stationen eröffnet worden.
Die Station Berliner Tor integriert unter anderem:

--> S-Bahn
--> U-Bahn
--> 8 Car2Go-Autos
--> 8 Europcar-Mietwagen
--> 2 Miet-Lkw
--> 50 Fahrradständer
--> 12 Fahrradgaragenplätze

In Offenburg heißt das Konzept EinfachMobil; die einzelnen Stationen werden Mobilitätsstationen genannt. Im Jahr 2015/2016 wurden vier Stationen eröffnet. Auffällig ist, dass sie wie eine Kombination aus Bushaltestelle und Fahrradstation aussehen. Ab 2017 wird das Verkehrsmittelangebot um Lastenfahrräder erweitert.

Eva Frensemeier forscht an der Fakultät Raumplanung der Technischen Universität Dortmund.

Eine Testplanung am Bahnhof Köln-Ehrenfeld soll-te zeigen, wie eine Mobilstation in der rheinischen Metropole aussehen könnte. In unserem Konzept sind vorgesehen:

--> 7 Car-Sharing-Autos

--> 100 Fahrradständer

--> 40 Leih-Pedelecs

--> 30 Fahrradboxen

Um den Bahnhof Köln-Ehrenfeld attraktiver zu machen, wäre die Erweiterung durch einen Kiosk sinnvoll. Schließlich geht es bei dem Konzept der Mobilstationen nicht nur darum, die Verkehrsan-bindungen zu verbessern, sondern zugleich soll auch der öffentliche Raum aufgewertet werden. Um die Planung und Umsetzung zu vereinfachen, wurde ein System entwickelt, das kleine, mittlere und große Stationen vorsieht. Hierdurch kann für jeden individuellen Raum eine passende Station entwickelt und umgesetzt werden. Ziel der Pla-nung ist ein flächendeckendes Netz aus Mobilsta-tionen für den Großraum Köln.

Das Hauptproblem in der Umsetzung ist fast über-all: Es gibt zu wenig Platz im Stadtraum! Die Konkurrenz um die noch freien Flächen ist sehr groß. Dennoch lohnt es sich, Flächen wie Park-plätze umzuwidmen, da durch die Umgestaltung der öffentliche Raum aufgewertet und die Lebens-qualität im direkten Umfeld gesteigert werden kann.

Damit die breite Öffentlichkeit Interesse an den Mobilstationen entwickelt, ist ein smartes Marke-ting wichtig. Die Stationen brauchen eine Corpo-rate Identity, damit die Passanten die Stationen im Straßenraum wiedererkennen und zum Ausprobie-ren angeregt werden. Sinnvoll ist es, das Marketing durch App und Web sowie durch Nutzerkarten zu erweitern, die beispielsweise eine Flatrate-Benut-zung erlauben.

Im Vorfeld einer Konzeption gilt es zu klären, wer der Betreiber der Mobilstationen sein soll. Beispielsweise übernimmt in Hamburg der ortsan-sässige Verkehrsbetrieb die Aufgabe, in Offenburg ist es die Stadt. In Köln-Ehrenfeld vielleicht ein Bürgerprojekt?[3]

Die Perspektive: In einem flächendeckenden Netz dezentraler Mobilstationen können sich die Men-schen zukünftig sehr leicht multimodal fortbewe-gen. Zugleich werten die Stationen viele öffentliche Plätze auf.

Buchtipp:
Städtische Mobilstationen "Funktionalität und Gestaltung von Umsteige-orten einer intermodalen Mobilitätszukunft"

Autoren: H. Jansen, J. Garde, D. Bläser, E. Frensemeier

Verlag: Springer Fachmedien, Wiesbaden

www.raumplanung.tu-dortmund.de

www.mobil-in-offenburg.de

www.switchh.de

[3] Betrieben vielleicht von der dortigen Bürgerinitiative Helios, die sich im Streit um das Heliosgelände gebildet hat
> siehe Seite 120

Umfrage in NRW: Wie schätzen Sie den Nutzen von Mobilstationen ein?

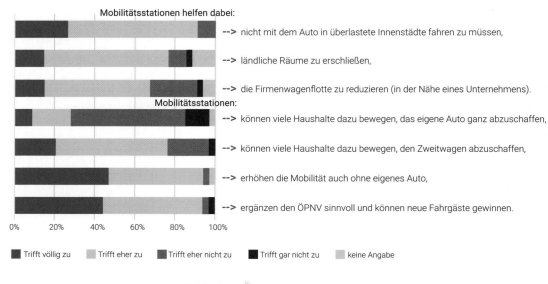

Mobilitätsstationen helfen dabei:

--> nicht mit dem Auto in überlastete Innenstädte fahren zu müssen,

--> ländliche Räume zu erschließen,

--> die Firmenwagenflotte zu reduzieren (in der Nähe eines Unternehmens).

Mobilitätsstationen:

--> können viele Haushalte dazu bewegen, das eigene Auto ganz abzuschaffen,

--> können viele Haushalte dazu bewegen, den Zweitwagen abzuschaffen,

--> erhöhen die Mobilität auch ohne eigenes Auto,

--> ergänzen den ÖPNV sinnvoll und können neue Fahrgäste gewinnen.

0% 20% 40% 60% 80% 100%

■ Trifft völlig zu   ■ Trifft eher zu   ■ Trifft eher nicht zu   ■ Trifft gar nicht zu   ▨ keine Angabe

Buchtipp:

„Handbuch Mobil-stationen Nordrhein-Westfalen"

Herausgeber:
Zukunftsnetz Mobilität NRW

Download des Handbuchs unter:
bit.ly/handbuch-mobilstationen

Umfangreicher Blog zu den Themen Verkehr und Mobiliät:
www.zukunft-mobilitaet.net

Kurzlink:
bit.ly/elektromobilitaet-projekte

Kurzlink:
bit.ly/elektromobilitaet-forschung

Fragen des Tages beantwortet

Sind Stadtbahnen wirklich umwelt- und klimafreundlicher als Busse? Was rechtfertigt die enormen Baukosten?

Ihr Vorteil liegt darin, dass sie, anders als Busse, wirklich Autofahrer zum Umsteigen bewegen. Alle Erfahrungen zeigen: Den Autoverkehr reduzieren kann man letztlich nur mit Hilfe einer Stadtbahn.

Wie kann man kritische Bürger vom Wert neuer Stadtbahnlinien überzeugen?

Eine Stadtbahn steigert die Wohnqualität im Quartier. So geht die Zahl der zugeparkten Flächen zurück, da vor allem weniger Zweitwagen in den Haushalten benötigt werden.

Wäre der Nulltarif für Busse und Bahnen eine realistische Alternative?

Alle Beispiele und Modellversuche sind bislang an einer entsprechenden Finanzierung gescheitert.

Wie können Elektromobilität und Car-Sharing in die Quartiersentwicklung integriert werden?

Durch Mobilitätsstationen, die z. B. einen Bahnhof oder eine Stadtbahnstation mit Car-Sharing-Angeboten, Ladestationen, Fahrradgaragen und Leih-Pedelecs verknüpfen. Zudem können Ladestationen mit der quartierseigenen Stromproduktion verknüpft werden.

Wie kann der Fahrradverkehr in der Stadt bzw. im Quartier attraktiver gemacht werden? Wie der Fußverkehr?

Durch breitere Radwege, Radspuren sowie direkte und sichere – vor allem beleuchtete – Fußwege.

NEUES BAUEN

60   **Qualität am Bau, Nachhaltigkeit und serielles Bauen**
Fachtagung und IFB-Fortbildung des Instituts für Bauforschung
(IFB Hannover) in Kooperation mit dem Bundesverband
Deutscher Fertigbau (BDF)

62   **Qualitätsstrategien für nachhaltige und wertstabile
Neubauvorhaben**
Prof. Dr. Rolf-Egon Westerheide

66   **Über die Bedarfsplanung zur nachhaltigen Lösung**
Interview mit Dipl.-Ing. Heike Böhmer

68   **Nachhaltigkeitszertifikate als Werkzeug zur
Qualitätssicherung**
Fragen an Paul Mittermeier

70   **Dumm gelaufen! Vier Fallbeispiele für fehlerhafte Bauverträge**
Dr. Claas Birkemeyer

71   **Warum serielles Bauen nachhaltig ist**
Fragen an Georg Lange

73   **Checkliste** »Das optimale Neubauprojekt«

74   **Ein Beratungsprodukt, das die Leute haben wollen**
Essay von Dipl.-Ing. Thorsten Försterling

76   **Checkliste** »Gute Kommunikation im Bauprojekt«

77   Fragen des Tages, beantwortet

Qualität am Bau, Nachhaltigkeit und serielles Bauen

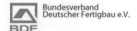

Qualitätsstrategien in Planung, Ausführung und Nutzung für nachhaltige und wertstabile Neubauvorhaben waren Gegenstand einer gemeinsamen Fachtagung und IFB-Fortbildung, die das Institut für Bauforschung (IFB Hannover) und der Bundesverband Deutscher Fertigbau (BDF) am 13. September 2016 in Bielefeld-Sennestadt durchgeführt haben.

VERANSTALTER:
Institut für
Bauforschung e.V. (IFB)

Bundesverband
Deutscher Fertigbau
(BDF)

www.bauforschung.de

www.fertigbau.de

THEMA:
Qualitätsstrategien für nachhaltige und wertstabile Neubauvorhaben.

IMPULSREFERAT:
Prof. Dr. Rolf-Egon Westerheide,
Stadtplaner und Vorstand der Architektenkammer Nordrhein-Westfalen

---

THEMA:
Planung und Ausführung: Der Nutzen von Innovation und Kommunikation

REFERENT:
Dipl.-Ing. Thorsten Försterling,
alberts.architekten BDA

THEMA:
Bedarfsplanung: Anforderungen, Chancen und Grenzen nachhaltiger Lösungen.

REFERENTIN:
Dipl.-Ing. Heike Böhmer,
IFB

THEMA:
Prozessqualität: Qualitätskontrollen; Vorteile von Vorfertigung und seriellem Bauen

REFERENTEN:
Heike Böhmer, IFB
Georg Lange, BDF

THEMA:
Zielsetzung: Nachhaltigkeit als Werkzeug zur Qualitätssicherung

REFERENT:
Paul Mittermeier,
BiRN - Bau-Institut für Ressourceneffizienz und Nachhaltigkeit, Bamberg

---

WORKSHOP:
Nachhaltige Nutzung: Rechtssicherheit und Werterhalt durch Nutzungsstrategien

REFERENTEN:
Heike Böhmer,
Marcus Pikarek
Vorstand WATER-control AG Hannover

THEMA:
Vertragsgestaltung: Der Stellenwert von Bauvertrag und Bau- und Leistungsbeschreibung

REFERENT:
Dr. Claas Birkemeyer,
LL.M. (Europarecht), Fachanwalt für Bau- und Architektenrecht, STREITBÖRGER SPECKMANN PartGmbB Bielefeld

WORKSHOP:
Der optimale Planungs- und Bauablauf

REFERENTEN:
Heike Böhmer,
Thorsten Försterling,
Georg Lange,
Paul Mittermeier

Prof. Dr. Rolf-Egon Westerheide, Stadtplaner und Vorstandsmitglied der Architektenkammer Nordrhein-Westfalen

Qualitätsstrategien
für nachhaltige und wertstabile
Neubauvorhaben

Als Vorsitzender des Ausschusses „Stadtplanung" der Architektenkammer Nordrhein-Westfalen bin ich stets gerne zu Besuch in der Sennestadt, einem der wichtigsten städtebaulichen Projekte der deutschen Nachkriegszeit.

Die Sennestadt entstand im zweiten Nachkriegsjahrzehnt nach den Entwürfen des Architekten und Stadtplaners Hans Bernhard Reichow. Reichow konnte hier die zuvor in seinen Werken „Organische Stadtbaukunst" und „Die autogerechte Stadt" beschriebenen Prinzipien des Städtebaus umsetzen und plante auch zahlreiche Gebäude. Anders als andere zeitgleich geplante Trabantenstädte ist die Sennestadt kein Sanierungsfall und kein sozialer Brennpunkt geworden. Ganz im Gegenteil: Die Bevölkerungszahl ist stabil, und die Sennestadt ist bis heute ein lebendiger Stadtbezirk mit einem vielfältigen Wirtschafts- und Kulturleben. Diese erfolgreiche Entwicklung ist zweifellos das Ergebnis der qualitätvollen Planung von Hans Bernhard Reichow.

Der Wohnungsmarkt als Messgröße

Was macht Qualität in Planung und Ausführung aus? Für Architekten und Stadtplaner setzt die Qualitätsstrategie bereits auf der Ebene der Stadtplanung an. Zentrale Messgröße für die Beschreibung städtebaulicher Qualität ist zweifellos der Wohnungsmarkt, denn die Entwicklung der europäischen Stadt ist mit dem Wohnen eng verknüpft.

Die Entwicklung des Wohnungsmarktes verläuft zurzeit problematisch. Besonders in den Ballungsräumen übersteigt die Nachfrage nach mietpreisgünstigem Wohnraum seit Jahren das Angebot. In den Wachstumsregionen Deutschlands besteht ein Wohnungsmangel im unteren und mittleren Mietpreissegment. Auch Nordrhein-Westfalen ist betroffen. In manchen ländlichen Gegenden sind dagegen zunehmend Leerstände zu verzeichnen. Die Stadtgesellschaft verändert sich, dem Prinzip der Preissensibilität der Haushalte folgend. Wer mobil ist, zieht in die Vorstädte und in den ländlichen Raum, um hohen Mieten auszuweichen. Wer von staatlicher Fürsorge profitiert, bleibt. Ebenso bleiben diejenigen, die hohe Mieten akzeptieren können. Beide Gruppen ziehen in erheblichem Umfang zu. Zugespitzt: Die Stadt wird zunehmend zu einem Privileg der Reichen und zu einem Zufluchtsort der Armen. Die Mitte der Stadtgesellschaft schwindet.

Um eine soziale Entmischung einzudämmen und städtebauliche Qualitäten zu erhalten, sind neue planerische Lösungsansätze gefragt. Der Berufsstand der Stadtplaner und Architekten ist gefordert wie zuletzt in den 1920er Jahren. Die damaligen Überschriften waren wachstumsgetrieben: Wohnraum schaffen, gesunde Lebensverhältnisse herstellen, Spekulation eindämmen. Eine erstaunliche Parallele zur Gegenwart! Auch 100 Jahre später ist der Motor für die Entwicklung neuer Ideen Wachstum und knapper Wohnraum.

„Die Entwicklung des Wohnungsmarktes verläuft zurzeit problematisch."

In der Stadtplanung hat sich daher im vergangenen Jahrzehnt ein Paradigmenwechsel vollzogen, der in der Leipzig-Charta zur nachhaltigen europäischen Stadt seinen Ausdruck findet. Im Vorwort der Charta heißt es: „Auf Dauer können die Städte ihre Funktion als Träger gesellschaftlichen Fortschritts und wirtschaftlichen Wachstums nur wahrnehmen, wenn es gelingt, die soziale Balance innerhalb und zwischen den Städten aufrechtzuerhalten, ihre kulturelle Vielfalt zu ermöglichen und eine hohe gestalterische, bauliche und Umweltqualität zu schaffen."

Weitläufige neue Siedlungsplanungen wie in den Nachkriegsjahrzehnten, als über acht Millionen Flüchtlinge und Vertriebene aus den ehemaligen deutschen Ostgebieten in Westdeutschland eine neue Heimat finden mussten, wird es auch vor dem Hintergrund der aktuellen Migrationsbewegung nicht mehr geben. Die Stadtplaner*innen in NRW bekennen sich heute zu dem Prinzip „Innen- vor Außenentwicklung": Die Innenentwicklung hat Vorrang vor der Inanspruchnahme neuer Flächen im Außenbereich, um die Qualität unserer Lebensräume zu erhalten und die Natur zu schützen.

Die Siedlungsentwicklung muss sich auf die Orte konzentrieren, die bereits mit privaten und öffentlichen Dienstleistungs- und Infrastruktureinrichtungen ausgestattet sind. Die Kommunen müssen unterstützt werden, wenn sie vorhandene Flächenpotenziale identifizieren und mobilisieren, wenn sie vorhandene Brachflächen sinnvoll nachnutzen wollen.

Nachverdichtung und Freiflächen

Die dringlichste Aufgabe der Siedlungsentwicklung ist es derzeit, schnellstmöglich und kostengünstig Wohnraum für untere und mittlere Einkommensschichten bereitzustellen. Gerade in den angespannten Wohnungsmärkten fehlt in der Regel Bauland für den erforderlichen Wohnungsneubau. Um den Außenbereich zu schützen, müssen unsere Städte dichter und kompakter werden.

Die Kommunen müssen ihre Planungshoheit nutzen und zulassen, dass die Obergrenzen des Maßes für die bauliche Nutzung überschritten werden. Die Planer müssen prüfen, wo in den vorhandenen Quartieren nachverdichtet werden kann. Andererseits sind Freiflächen in den Innenstädten nötig, da die Bedeutung der halböffentlichen und öffentlichen Räume als Freizeit- und Erholungsfläche für verschiedene Bevölkerungsgruppen zunimmt. Innerstädtische Grünflächen üben positive Effekte auf das Stadtklima aus. Ein Dilemma, das nur durch eine intensive Auseinandersetzung

„Innerstädtische Grünflächen üben positive Effekte auf das Stadtklima aus."

der Stadtplaner wie auch der Architekten mit der Aufgabenstellung und eine umso sorgfältigere Planung aufgelöst werden kann.

Architektenwettbewerbe

Ein hervorragendes Instrument, um innovative Ideen und qualitätvolles Bauen zu erzielen, sind Architektenwettbewerbe. Der Bauherr erhält durch die Vielzahl qualitativ hochstehender Lösungen seiner Aufgabe eine Möglichkeit zu Vergleich und Optimierung, die nicht zu erreichen ist, wenn er einen Planer direkt beauftragt. Dabei können die funktionalen und gestalterischen, aber auch die wirtschaftlichen Aspekte optimiert werden, so dass Architektenwettbewerbe oft zu Kosteneinsparungen und rasch umsetzbaren Konzepten führen.

Das nordrhein-westfälische Bauministerium lobt jedes Jahr in Kooperation mit der Architektenkammer Nordrhein-Westfalen Landeswettbewerbe zum Wohnungsbau aus. So sind zum Beispiel das vielfach ausgezeichnete Wohnquartier „Südliche Furth" in Neuss und die studentische Wohnanlage „Tabu 2" in Bonn-Tannenbusch entstanden.

Zurzeit befassen sich zwei Landeswettbewerbe in Düsseldorf und in Bonn mit Aufgaben der innerstädtischen Nachverdichtung. Zur Expertise der teilnehmenden Architektinnen und Architekten gehört es, flächensparende Grundrisse zu planen, die keine Abstriche an der Qualität erfordern. Oft gelingt es, unterhalb der Wohnflächenobergrenzen des geförderten Wohnungsbaus zu bleiben und so Mietbelastungen zu senken.

Leider stellen wir gelegentlich fest, dass Unternehmen der Wohnungswirtschaft gegenüber Wettbewerben und innovativen Planungskonzepten eher zurückhaltend sind. Die insgesamt eher konservative Einstellung der Branche zu Planungskonzepten mag ein Ergebnis der Tatsache sein, dass viele Wohnungsgesellschaften in den vergangenen Jahrzehnten vornehmlich Bestandsverwaltung betrieben und den Neubau vernachlässigt haben – mit der bekannten Folge, dass seit 2009 in Deutschland ca. 770.000 Wohnungen zu wenig gebaut worden sind.

Chancen des seriellen Bauens

Wie kann der seit der Flüchtlingskrise des vergangenen Jahres auf vielen Ebenen diskutierte Mangel an bezahlbarem Wohnraum zeitnah behoben werden?

Wann immer über kurzfristig benötigte Bauten gesprochen wird, kommen elementierte oder modulare Bauweisen ins Spiel. Das war vor 100 Jahren schon so, als der berühmte Architekt Le Corbusier seinen Entwurf für ein Einfamilienhaus hoffnungsfroh „Maison Citrohan" nannte – in Anspielung auf den bekannten Autohersteller, der 1919 als erster in Europa die Fließbandfertigung eingeführt hatte.

Le Corbusiers Vision einer Serienfertigung von Häusern konnte damals noch nicht verwirklicht werden, da die Technik noch nicht weit genug war. Vorteile der Systembauweise sind eine relativ kurze Bauzeit, Witterungsunabhängigkeit während der Vorfertigungsphase und eine hohe Präzision der oft seriell gefertigten Bauteile. Allerdings zeigt sich, dass elementierte oder modulare Bauten keine grundsätzlichen wirtschaftlichen oder ökologischen Vorteile gegenüber konventionellen Bauweisen aufweisen.

Bei Bauprojekten auf städtebaulicher Ebene gilt es daher, technologieoffen zu planen. Die individuellen Rahmenbedingungen der Planungsaufgabe bestimmen die Bauweise. Auch seriell gefertigte Häuser können einen architektonischen Ausdruck und städtebauliche Qualitäten aufweisen.

Montaigne sagte: „Wem kein Wind weht, dem kein Hafen." In diesem Sinne wünsche ich im Namen der Architektenkammer Nordrhein-Westfalen der Tagung eine ergiebige Brise!

„Bei Bauprojekten auf städtebaulicher Ebene gilt es daher, technologieoffen zu planen."

www.aknw.de

Über die Bedarfsplanung
zur nachhaltigen Lösung

Interview mit Dipl.-Ing. Heike Böhmer, Geschäftsführerin
des Instituts für Bauforschung e. V. (IFB)

Frau Böhmer, bei der Bedarfsplanung für
Neubauvorhaben geht es zunächst um die
Motive der Bauherren. Welche Motive stehen
im Vordergrund, wenn Menschen in Deutschland ein neues Eigenheim bauen wollen?
51 % der Bauherren wollen vor allem ihre Wohnqualität verbessern, wenn sie Wohneigentum
schaffen. 43 % hoffen, steigenden Mieten zu ent-
gehen, und 39 % wollen dadurch unabhängig sein.
55 % denken, meist als Zweitmotiv, an ihre Alters-
vorsorge. Das ergab eine Umfrage des Bauherren-
schutzbundes (BSB). Dabei haben die Menschen

oft eine Vorstellung von ihrem Traumhaus im Kopf.
Dieses Traumhaus bietet dauerhafte Wohnqualität
(das heißt: nichts geht kaputt); es bietet Komfort
und Gesundheit, die Aussicht auf eine Wertsteige-
rung und passt sich dennoch flexibel an veränderte
Lebenssituationen an.

Sieh da: die eierlegende Wollmilchsau! Ziehen die Deutschen gerne um, um die zu kriegen?

Nein, sie hassen Umzüge. 92 % der Haus- und
Wohnungseigentümer planen keinen Umzug für
die Zukunft. Wer aber auf Dauer in seinem Haus
bleiben will, muss auch an Dinge wie Barrierefreiheit denken. Leider stößt dieser Begriff bei vielen
auf spontane Ablehnung, weil er nach Kranken-
haus und Altersheim riecht. Die Leute verdrängen
gerne, dass im Alter vielerlei Handicaps auftreten
können, nicht nur der Extremfall, dass man nicht
mehr laufen kann. Viele barrierefreie Merkmale
sind zugleich Komfortmerkmale: etwa die bodengleiche Dusche oder eine Terrasse mit boden-
gleicher Tür – ob da nun ein Rolli oder ein Dreirad
drüberfährt.

Der Staat fördert Investitionen ins Energie-sparen und in altersgerechten Umbau. Wie wirkt sich das auf die Bauvorhaben aus?

Viele wollen solche Fördermittel mitnehmen und
deshalb zum Beispiel ein Passivhaus bauen. Wir
empfehlen aber, Fördermittel nicht zum Planungs-
maßstab zu machen, sondern nur als sekundäre
Hilfe für das zu nutzen, was die Bauherren aus
eigenem Antrieb erreichen wollen. Die meisten
haben tatsächlich Wünsche, die mit Förderzielen

www.bauforschung.de

des Staates übereinstimmen: 91 % der Bauherren streben einen hohen energetischen Standard an (42 % ist das sogar sehr wichtig). 92 % wollen ökologische Baustoffe verwenden, 87 % wollen gesund wohnen, 55 % streben einen barrierefreien Wohnkomfort an; wiederum nach der BSB-Umfrage. Auch die Vielfalt der staatlichen Förderziele spricht dafür, zunächst den eigenen Bedarf ins Auge zu fassen.

Bei Passivhaus denkt man an dicke Außenwände. Ist das nicht eine Belastung für Architektur und Ästhetik?

Das kann so sein, muss es aber nicht. Die Energie-Einsparverordnung (EnEV) bietet mehr Spielräume, als viele denken. 20 cm Dämmschicht in den Außenwänden sind weder vorgeschrieben noch überall sinnvoll. Wichtig ist, bei der Wärmedämmung das Thema Lüftung mit einzubeziehen. Dazu forscht gerade die Fachhochschule Bielefeld hier in der Sennestadt. Der Energieausweis für Häuser bildet noch nicht die gesamte Nachhaltigkeit eines Hauses ab, sondern nur Teilaspekte. Die Wärmedämmung etwa müssen wir im Rahmen des 80-jährigen Lebenszyklus eines Hauses betrachten: Wie lange hält sie? Wie wird sie entsorgt oder wiederverwertet? Ist Stroh nachhaltiger als Hightech-Werkstoffe? Was kann alles im Lauf der Zeit kaputt gehen? Da ist die Tendenz steigend. Zum Beispiel führen bodengleiche Duschen häufiger zu Wasserschäden und machen Nachdichtungen nötig.

Das bringt uns auf das Thema Haftung und Bauverträge. Auch da kann man wahrscheinlich viel falsch machen?

Ja, da wird viel falsch gemacht, obwohl es gar nicht so schwer ist, dabei alles oder zumindest fast alles richtig zu machen. Nach dem Werkvertragsrecht sind Planer und Ausführende verpflichtet, ein mängelfreies Gebäude zu bauen und die anerkannten Regeln der Technik einzuhalten. Alle Qualitäten, die das Gebäude dauerhaft gebrauchstauglich machen, sollten im Bauvertrag fixiert sein. Die anerkannten Regeln der Technik stellen allein 15 Fragen an die Qualitäten einer Außenwand: Art? Material? Standards? Zulassung? Einbauvariante? Und so weiter.

Es ist Sache der Architekten, darauf zu achten, oder?

In der Tat erwarten etwa zwei Drittel der Bauherren von ihrem Architekten die rechtliche Prüfung aller Verträge, das frühzeitige Erkennen von Baumängeln usw. Sie unterschätzen dabei oft die Komplexität der Probleme z. B. bei der Haustechnik, die mit steigenden Energiestandards immer größer wird. Um das sicher in den Griff zu bekommen, müssen mehr Fachleute an der Planungskonzeption beteiligt werden. Die Bauherren scheuen meist die damit verbundenen oder befürchteten Kosten. Wir empfehlen dennoch, eine energetische Fachplanung und Baubegleitung in Anspruch zu nehmen und sich die von der KfW fördern zu lassen. Die Mehrausgaben bei der Planung machen sich oft schon in der Bauzeit bezahlt.

Haben Sie Beispiele, was man im Bauvertrag falsch machen kann?

In 81 % der Bauverträge, die wir gemeinsam mit dem BSB untersucht haben, waren keine Sicherheitsleistungen der Baufirma vorgesehen. Bei 65 % fehlte eine Vertragsstrafe bei Überschreitung der Bauzeit. In 56 % der Fälle waren Baubeginn, Bauzeit und Fertigstellungstermin unverbindlich formuliert. Unausgewogene Zahlungspläne gab es in 51 % der Verträge, und in 48 % der Fälle fehlte ein eindeutig formulierter Vertragsgegenstand. Zu den Fachleuten, die die Planung begleiten sollten, gehört also auch ein Rechtsanwalt.

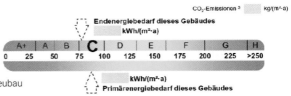

Energieausweis für einen Neubau

Fragen an Paul Mittermeier vom Bauinstitut für Ressourceneffizientes und Nachhaltiges Bauen (BiRN) in Bamberg

Nachhaltig-keitszertifikate
als Werkzeug zur Qualitätssicherung

Kriterium 1.7.1: Barrierefi

www.nachhaltigesbauen.de

Herr Mittermeier, seit wann gibt es Zertifikate für nachhaltiges Bauen?

Seit den 1980er Jahren gibt es solche Zertifikate in den USA, in Großbritannien und der Schweiz. Das britische System BREEAM hat inzwischen über 450.000 Wohneinheiten zertifiziert (Stand 2013), das Schweizer System MINERGIE über 33.000 (darunter fast 18.000 Einfamilienhäuser), das amerikanische System LEED fast 15.000 Wohneinheiten. In Deutschland gibt es das erst seit etwa 2007, nämlich das Bewertungssystem Nachhaltiges Bauen (BNB) für öffentliche Objekte und das Zertifikat der Deutschen Gesellschaft für nachhaltiges Bauen (DGNB) für private Objekte. Die beiden Systeme haben sich inzwischen auseinander entwickelt. Zunächst wurden vor allem große Büroneubauten zertifiziert, also eher wenige Fälle, und der Wohnbau blieb fast außen vor. Die DGNB hatte 2013 immerhin 683 Gebäude zertifiziert. Dazu kommt NaWoh mit 12 zertifizierten Mehrfamilienhäusern bis 2013.

Da ist Luft nach oben. Wie viele Ein- und Mehrfamilienhäuser gibt es in Deutschland?

--> 7,7 Mio. freistehende Einfamilienhäuser (Stand 2013)
--> 2,3 Mio. freistehende Zweifamilienhäuser
--> 2,7 Mio. Doppelhaushälften
--> 2,3 Mio. Reihenhäuser mit 1 oder 2 Wohnungen
--> 3,3 Mio. Mehrfamilienhäuser
Zusammen 18,3 Mio. Gebäude mit 39,2 Mio. Wohnungen.

Was tut sich in Deutschland, um mehr Zertifikate im Wohnungsbau zu etablieren?

Das Bundesministerium für Bauen und Umwelt hat in einem Pilotprojekt das Bewertungssystem Nachhaltige Kleinwohnhausbauten (BNK) entwickelt und im Juni 2015 in drei Workshops vorgestellt. Also ein Analogprojekt zum BNB für öffentliche Gebäude. Die daraus abgeleiteten Checklisten sind auf www.nachhaltigesbauen.de zu lesen. Insgesamt sind es 19 Kriteriensteckbriefe – deutlich weniger als beim BNB, da sind es 46. In der Pilotphase wurden 18 Gebäude, darunter 12 Einfamilienhäuser, entsprechend untersucht. Im April 2016 wurde das BiRN, eine Ausgründung der Hochschule München, als Zertifizierungsstelle anerkannt und bietet Zertifizierungen mit dem BNK-System an.

www.bau-irn.de

Wie sieht so eine Bewertung aus? Wie ein Schulzeugnis?

Im Prinzip ja. Es gibt vier Kategorien, die benotet werden: die soziokulturelle und funktionale Qualität, die ökonomische Qualität, die ökologische Qualität und die Prozessqualität. Sie unterteilen sich in die genannten 19 Kriterien. Für jedes Kriterium gilt: 50 % Erfüllung der Vorgabe gibt die Note 3,0. Sie steht für den allgemeinen Stand der Technik. Das Bundesministerium hat die Kriterien so gewichtet, dass Gesamtnoten für die vier Kategorien entstehen und schließlich eine Gesamtnote für das Haus.

Was ist mit soziokulturellen und funktionalen Qualitäten gemeint? Was mit ökologischen?

Erstere sind Gesundheitskriterien wie Wärmeschutz im Sommer, Tageslicht, Schallschutz, Einbruchsicherheit oder Barrierefreiheit.
Die ökologischen Qualitäten sind CO_2-Ausstoß und Primärenergieverbrauch über den gesamten Gebäudelebenszyklus, der Einsatz erneuerbarer Energien, aber auch Flächeneffizienz und Wassersparsamkeit. Zur Ökobilanz der Häuser gehört auch die „graue Energie", die in der Konstruktion des Hauses steckt. Sie nimmt einen immer größeren Anteil ein und steigt auch absolut: Beim „Null-Energie-Haus" beträgt sie z. B. im Schnitt 61 kWh pro m² und Nutzungsjahr. Wenn man sie weglässt, kann man sich die Bilanz schön rechnen.

Ein Beispiel für ökonomische Qualitäten?

Das nennt sich „ausgewählte Kosten im Lebenszyklus". Man untersucht, wie der Energieverbrauch oder wie später notwendige Umbauten (etwa für Barrierefreiheit) über 50 Jahre Nutzungszeit hinweg die Gesamtkosten erhöhen.

Was sind Prozessqualitäten?

Zum Beispiel die Frage, wie gut der Planungs- und Bauprozess in einer Hausakte dokumentiert wurde. In der Hausakte wird dokumentiert, welche Materialien wo verbaut wurden und vieles mehr.

Welchen Nutzen hat ein Hausbesitzer von dem Zertifikat?

Oft ist es so, dass wir über die technischen Eigenschaften unseres Hauses weniger wissen als über die unseres Handys. Das ist eigentlich absurd in Anbetracht des Kostenunterschiedes und der Tatsache, dass wir das Handy zwei Jahre lang nutzen wollen, das Haus aber 50-80 Jahre lang. Das Zertifikat liefert dem Hausbesitzer diese fehlenden Informationen. So kann er die Gebäudequalitäten auch Dritten glaubhaft nachweisen, also z. B. Banken, Versicherern, Kaufinteressenten. Das kann bei einem späteren Verkauf oder einer Re-Finanzierung nach Ablauf der Kreditlaufzeit von großem Vorteil sein.

Was kostet ein solches Zertifikat?

Bei einem großen Bürohaus rund 200.000 €, bei einem Einfamilienhaus rund 1 % der Baukosten. Das KfW-Programm 431 bezuschusst diese Ausgabe mit 50 % der Kosten und maximal 4000 €. Es zeichnet sich ab, dass der Gesetzgeber ab 2021 den Energieausweis für Häuser zu einem umfassenden Nachhaltigkeitsausweis erweitern könnte. Dann sind Sie mit einem solchen Zertifikat direkt auf dem Stand.

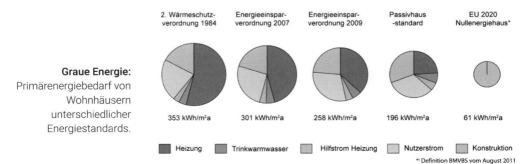

Graue Energie:
Primärenergiebedarf von Wohnhäusern unterschiedlicher Energiestandards.

2. Wärmeschutzverordnung 1984	Energieeinsparverordnung 2007	Energieeinsparverordnung 2009	Passivhaus-standard	EU 2020 Nullenergiehaus*
353 kWh/m²a	301 kWh/m²a	258 kWh/m²a	196 kWh/m²a	61 kWh/m²a

Heizung   Trinkwarmwasser   Hilfstrom Heizung   Nutzerstrom   Konstruktion

*) Definition BMVBS vom August 2011

Dumm gelaufen!
4 Fallbeispiele für fehlerhafte Bauverträge

Von Dr. Claas Birkemeyer, Notar und Fachanwalt für Bau- und Architektenrecht

Die Leistungsbeschreibung im Rahmen des Vertrags ist das A und O, mit dem die Beteiligten spätere Prozesse vermeiden können. Je präziser sie gefasst ist, desto klarer sind alle Verantwortlichkeiten und Haftungen geregelt. Das demonstriere ich am besten an vier Fallbeispielen, bei denen es schief gegangen ist.

Der versteckte Beton

Der Auftraggeber will eine Kleinigkeit: Ein Handwerker soll eine Gartentreppe mit fünf Stufen entfernen. Man vereinbart 450 €. Doch beim Abheben der Treppensteine stößt der Handwerker auf unvermutet hartnäckige Betonfundamente. Das Entfernen kostet ihn zusätzliche Zeit, und deshalb schreibt er nachher eine Rechnung über 1200 €. Der Auftraggeber weigert sich zu zahlen und bekommt Recht. Denn im Bauvertrag stand nicht, dass sich die 450 € auf eine Standardtreppe beziehen. So konnte der Auftraggeber darauf bestehen, dass der gleiche Preis auch für die ungewöhnlich gut fundamentierte Treppe galt.

Spuren im Estrich

Ein Estrichboden einer Fabrikhalle wurde eingedrückt, als man die dort vorgesehene Druckerpresse aufstellte. Ist das ein Mangel? Ja, es ist ein Planungsmangel: Ein Maximaldruck pro Maschinenfuß war in der Leistungsbeschreibung zwar nicht definiert worden. Aber der Zweck des Bodens, Druckmaschinen zu tragen, ergab sich aus der Bezeichnung des Objektes. Empfehlung also: In der Leistungsbeschreibung die Funktionen aller Bauteile festhalten und dabei auch mögliche Belastungsgrenzen.

Der Handwerker als Planer

Ein Handwerker soll einen Bitumenboden anlegen und stellt fest: Der Untergrund ist so feucht, das geht nur mit einer Dränage. Er vereinbart das so mit dem Bauherrn. Aber später stellt sich heraus, dass die von ihm angelegte Dränage nicht genügt. Für diesen Planungsfehler haftet der Handwerker, weil er sich durch seinen Lösungsvorschlag zum Planer gemacht hat. Um das zu vermeiden, hätte er sich darauf beschränken müssen zu sagen: „Das ist zu feucht, das geht so nicht. Das muss neu geplant werden."

Die vergessene Einbauanleitung

Ein Heizungsmonteur baut eine Heizungsanlage ein. Der Auftraggeber stellt später fest, dass der Monteur sie etwas anders montiert hat als in der Einbauanleitung vorgesehen, und will deshalb einen Preisnachlass. In diesem Fall hat der Auftraggeber Pech: In der Leistungsbeschreibung war nicht festgelegt, dass sich der Handwerker an die Einbauanleitung halten müsse. Deshalb konnte sich der Handwerker auf die anerkannten Regeln der Technik berufen; die hatte er eingehalten. Allerdings kann ein Gericht im Einzelfall hier auch zu einem für den Auftraggeber günstigen Ergebnis kommen. Aus Sicht des Auftraggebers wird es daher sinnvoll sein, die Einbauanleitung zum Gegenstand des Auftrags zu machen, da möglicherweise Garantieansprüche beim Hersteller oder zusätzliche Leistungsoptionen der Heizung davon abhängen, dass sie genau eingehalten wird.

www.streitboerger-speckmann.de

Warum serielles Bauen nachhaltig ist
Fragen an Georg Lange vom Bundesverband Deutscher Fertigbau (BDF)

Wie handhaben Sie das Qualitätsmanagement im deutschen Fertigbau?

Die Mitglieder des BDF haben sich zur 1989 zur Qualitätsgemeinschaft Deutscher Fertigbau (QDF) zusammengeschlossen. Die QDF hat zahlreiche Anforderungen an die Gesamtqualität von Gebäuden und die erforderlichen Prozesse in Form einer verbindlichen Qualitätsrichtlinie ausformuliert. Seit 1989 gibt es auch eine Ombudsstelle. Das Gütesiegel der QDF ist das umfangreichste Gütesiegel im deutschen Fertigbau. Es umfasst auch Energieeffizienz und Umweltschutz. Dazu kommt das RAL-Gütezeichen für alle Holzteile.

Sind Fertigbauten nicht ideal für das Konzept der Hausakte?

Ja, das ist so, weil ein Fertighaus komplett aus einer Hand geplant und gebaut wird. Deshalb haben wir 2016 das QDF-Gütesiegel um eine Hausakte erweitert. Sie dient als zentrales Dokumentationssystem für den Bauherrn und liefert die Grundlage für Analysen über den ganzen Lebenszyklus des Hauses hinweg.

Wie läuft das Qualitätsmanagement bei einem QDF-zertifizierten Hersteller praktisch ab?

Er muss ein Qualitätsmanagementsystem etablieren, das eine Eigenüberwachung und eine Fremdüberwachung vorsieht. Die Eigenüberwachung orientiert sich an einem Qualitätshandbuch, das sechs Rahmenparameter setzt: mangelfreie Ausführung, Liefertreue, optimalen Ressourceneinsatz, Kostentransparenz, Wirtschaftlichkeit und Zufriedenheit der Mitarbeiter. Tendenziell muss ein QMS immer mehr Normensysteme verarbeiten. Ein Elementdatenblatt zum Beispiel beschreibt die Leistungen und Konstruktionsmerkmale für jedes Bauteil und jeden Baustoff. Die Prozessschritte werden über Checklisten kontrolliert und ebenfalls in Elementdatenblättern dokumentiert. Dazu kommen Stichprobenprüfungen durch den verantwortlichen Qualitätsmanager, eine Dokumentation der Warenentnahme und zweimal im Jahr eine Stichprobenprüfung durch den Fremdüberwacher, eine im Werk und eine auf einer Baustelle.

Sind hohe energetische Standards besser im seriellen Bau oder besser im Einzelbau zu erreichen?

Fortgeschrittene energetische Standards legen serielle Elemente im Bauprozess nahe: Ein Drei-Scheiben-Fenster zum Beispiel ist so schwer, dass man es kaum noch vor Ort handwerklich einbauen kann. Beim Fertighausbau wird es im Werk ergonomisch in Augenhöhe in die Wand eingebaut. Die Wand kommt dann komplett mit dem Fenster auf der Baustelle an. Dazu kommt der Vorteil beim Aufbauen: Der Aufbau eines Fertighauses ist in der Regel regensicher nach zwei Tagen. Preis und Einzugstermin stehen fest, es gibt keine wetterbedingten Wartezeiten, die auch immer mit Energieverbrauch verbunden sind.

Pfusch am Bau ist bei einem Fertighaus nicht möglich?

Beim eigentlichen Bau praktisch nicht, da alle Prozesse normiert sind und, wie beschrieben, permanent überwacht werden. Die Vorproduktion der Bauteile sorgt für gleich bleibende Qualität der Baustoffe – zum Beispiel Holz, das optimal getrocknet ist –, und sie reduziert die Zahl der Schnittstellen, an denen etwas schief gehen kann.

Sind Planungsfehler möglich?

Planungsfehler, die außerhalb des Hauses selbst liegen, sind theoretisch auch bei Fertighäusern möglich, etwa dass Eigenschaften des Bodens falsch angenommen werden. Aber das kommt sehr selten vor. Unter Qualitäts- und Nachhaltigkeitsgesichtspunkten ist der Fertigbau in vielen Fällen eine gute Wahl. Dazu trägt auch die Hausakte bei, die dem Bauherrn zusammen mit seinem Haus übergeben wird und die er mit geringem Aufwand über den Lebenszyklus des Hauses fortführen kann.

www.fertigbau.de

CHECKLISTE
»Das optimale Neubauprojekt«

[01] Gibt es eine konzeptionelle Bedarfsplanung, die die Bedürfnisse des Bauherrn ermittelt und mit passenden technischen oder Gestaltungslösungen verknüpft?

[02] Gibt es eine Budgetplanung mit unterschiedlichen Szenarios und Qualitätsstufen?

[03] Gibt es eine Negativliste von Eigenschaften, die das Haus auf keinen Fall haben soll?

[04] Gibt es ein Organigramm, das alle Beteiligten mit ihrem jeweiligen Verantwortungsfeld und ihren Geschäftsbeziehungen aufzeigt?

[05] Gibt es einen Moderator oder Generalunternehmer für das Gesamtprojekt?

[06] Wer kümmert sich um die Formalia: a) Vorentwurf, b) Entwurf, c) Kostenermittlung, d) Bauantrag, e) Baugenehmigung, f) Fachplanungen (Energie, TGA, Schall), g) Aufträge und Verträge

[07] Wurde wärmebrückenfrei geplant?

[08] Gibt es eine unabhängige Bauüberwachung und Koordination?

[09] Wie ist die Kommunikation der Gewerke organisiert?

[10] Wie werden etwaige Baumängel dokumentiert?

[11] Barrierefreiheit: Ist das Haus leicht nachrüstbar mit breiten Türen, Treppenlift usw.?

[12] Gibt es eine Hausakte, in der z. B. dokumentiert wird, welche Materialien verbaut wurden?

[13] Hat die Hausverwaltung Prüfungen nach der Verkehrssicherungspflicht in Ihren Prozess der laufenden Instandhaltung integriert?

Innovation und Kommunikation:

Ein Beratungsprodukt,
das die Leute haben wollen

Von Dipl.-Ing. Thorsten Försterling (alberts.architekten BDA)

Eine Innovation ist eine Idee, die sich am Markt bewährt hat. Qualität ist eine Beschaffenheit, die so beschrieben ist, dass alle Beteiligten sie verstehen. Kommunikation ist der Schlüssel für beides: Ohne Qualitätsdebatten entsteht kein Verständnis von Qualität.

Bei der zwischenmenschlichen Kommunikation läuft in der Regel nur etwa 20 % über die Sachebene; 80 % spielen sich auf der Beziehungsebene ab. Hier herrscht das Ego. Das kann dazu führen, dass gemeinsame Entscheidungen etwa bei Wohnungseigentümergemeinschaften oder Besitzern einer Reihenhauszeile an einem einzelnen Besitzer scheitern, der dagegen ist. Oft stören Hierarchieebenen zwischen den Beteiligten dabei,

im gleichberechtigten Gespräch konstruktive Lösungen zu finden und umzusetzen. In solchen Situationen sind wir als Sanierungsmanager bei 100 % Kommunikation.

Innovationen im Wohnbau haben oft einen schweren Stand, da die Außenwelt der Bauherren, zum Beispiel die Eltern junger Bauherren, gegen ungewöhnliche Lösungen auftreten, etwa ein Holzhaus oder eine Lösung mit zwei Schlafzimmern.

Wir erleben es, dass die anfängliche Offenheit für solche Lösungen später wieder schwindet. Hier läuft eine parallele Kommunikation gegen die Innovation ab, die nur mit geschickter Pro-Kommunikation aufgefangen werden kann.

Ist etwas schief gegangen, geht es im Austausch darüber oft nur darum, wer für was verantwortlich sei. Wie absurd das ist, kriegen wir Deutsche meist erst dann mit, wenn zum Beispiel ein Niederländer davon erfährt und sich über das deutsche Silo-denken wundert. Wo der oberste Grundsatz lautet: „Dafür bin ich nicht zuständig, das geht mich nichts an", da ist es kaum möglich, eine vernünf-tige Innovation durchzusetzen, die kooperatives Verhalten der Beteiligten voraussetzt.

Aus vielen Beratungs- und Moderationsgesprächen haben wir gelernt: Wir haben als innovative Planer dann eine Chance, wenn wir ein Beratungsprodukt anbieten können, das die Leute wirklich haben wollen, das also einen realen Bedarf adressiert. Sie wollen nicht belehrt werden über den angeb-lichen Nutzen von Dingen, die sie gar nicht haben wollten.

Interdisziplinäre Planung

Was Bauherren haben wollen, ist ein funktionieren-des Haus ohne Fehler. Kann also interdisziplinäre Planung ein solches Beratungsprodukt sein? Wir arbeiten daran, stoßen aber auch hier auf die Schwierigkeit, dass viele Bauherren aus Angst vor Zusatzkosten zunächst nicht wollen, dass im Vorfeld der Planung schon alle Fachleute beteiligt werden. Das Gute ist: Die Bauherren können sich fast immer darauf verlassen, dass alle Fachleute und Firmen ein großes Interesse daran haben, ein mängelfreies Werk abzuliefern, das den Bauherrn mindestens zufrieden stellt. Kommt es trotzdem einmal zu Schwierigkeiten, führt das direkte Ge-spräch der Beteiligten meist viel schneller weiter als schriftliche Kommunikation; diese Erfahrung haben schon viele Unternehmen gemacht. Wahr-scheinlich deshalb, weil wir im direkten Gespräch eher bereit sind, eine gemeinsame Lösung zu finden, während schriftliche Botschaften schnell auf die unfruchtbare Ebene der Verantwortungs-schieberei und der gegenseitigen Schuldzuweisun-gen abgleiten.

www.alberts-architekten.de

www.soziale-architektur.de

CHECKLISTE
»Gute Kommunikation im Bauprojekt«

[01] Sind die Vereinbarungen klar und verbindlich formuliert? Wer überprüft das?

[02] Sind wichtige Begriffe so geklärt, dass alle Beteiligten das gleiche darunter verstehen?

[03] Sind die Mailverteiler so definiert, dass die Adressaten vor überflüssigen Informationen möglichst geschützt werden?

[04] Ist gewährleistet, dass die Betreffzeilen aller Mails aussagekräftig sind und zum Inhalt der jeweiligen Mail passen?

[05] Sind alle Beteiligten bereit, in Problemfällen zum persönlichen Gespräch überzugehen?

[06] Ist geklärt, wer welche Informationskanäle für welche Art von Informationen nutzt?

[07] Wird statt Mails ein Projektmanagement-System verwendet?

[08] Ist gewährleistet, dass komplexe Zusammenhänge visualisiert dargestellt werden? Wer macht es?

[09] Werden wichtige Schnittstellen während des Baus fotografiert oder gefilmt? Wie werden die Fotos und Videos zugänglich gemacht?

Fragen des Tages beantwortet

Wie kann man die Wohnqualität in einem Haus messen?

Das ist eine komplexe Aufgabe. Die Fachhochschule Bielefeld arbeitet im Stadtlabor Sennestadt an praktischen Lösungen mit Sensoren.
> *siehe Seite 33*

Wie können steigende energetische Anforderungen qualitativ erfüllt werden?

Durch Fortschreibung der „anerkannten Regeln der Technik". Diese sehen inzwischen z. B. für eine Außenwand 15 Prüfkriterien vor.

Welche wirtschaftlichen und qualitativen Möglichkeiten bietet serielles Bauen?

Ob es wirtschaftlicher ist als individuelles Bauen, hängt vom Einzelfall ab. Qualitativ bestechen die hohe Präzision der Bauteile und die gute Isolierung.

Gibt es eine Perspektive für Plusenergiehäuser und deren Energieüberschuss?

Ja, im Rahmen von Quartierskonzepten mit Wärmespeichern.

Gibt es Erfolgsrezepte (Best Practices) für den Bau von Einfamilien- oder Reihenhäusern?

Ja. Auf den Workshops dieser Tagung wurden Best Practices diskutiert und sind in die Checklisten am Ende des Kapitels eingeflossen.

ENERGETISCH
SANIEREN

80 **Energetische Quartierserneuerung:**
Erfolgreiche Werkzeuge und Methoden
Erfahrungsaustausch in NRW

84 **16. Forum Masterplan Wohnen in Bielefeld**
Podiumsdiskussion zu Möglichkeiten und Grenzen
der energetischen Stadtsanierung

86 **Wozu energetische Quartierskonzepte?**
Fragen an Helmut Köchert

88 **Ergebnisse des Tages**
> Quartierskonzepte
> Energie und CO_2
> Stadtumbau und energetische Sanierung
> Sanierungsmanagement
> Beratung, Hemmnisse und Motive
> Partizipation der Mieter
> Kennzahlen des Erfolgs
> Identität des Quartiers

100 **Die Stadtarchitektur ist faszinierend**
Interview mit den Sanierungsmanagern
Thorsten Försterling und Heike Böhmer

104 **Vom Konzept zum wohnungspolitischen Netzwerk**
Bernhard Neugebauer über den Masterplan Wohnen in Bielefeld

106 **Checkliste** »Energetische Quartierserneuerung«

107 **Fragen des Tages, beantwortet**

Energetische Quartierserneuerung

Erfolgreiche Werkzeuge und Methoden

VERANSTALTER:
Ministerium für Bauen,
Wohnen, Stadtentwick-
lung und Verkehr des
Landes NRW

MODERATOR:
Helmut Köchert
MBWSV NRW

Das Ministerium für Bauen, Wohnen, Stadtentwicklung und Verkehr in Nordrhein-Westfalen (MBWSV) hatte alle an dem Prozess der energetischen Quartierserneuerung in Kommunen Beteiligten zu einem Erfahrungsaustausch zum Thema energetische Quartierserneuerung eingeladen. Ziel war ein Austausch mit Vertretern des Bundes und der KfW, sowie von Sanierungsmanagern, Energieversorgern und der Wohnungswirtschaft, um gemeinsam Best-Practice-Beispiele für die energetische Quartierserneuerung zu diskutieren und Erfahrungen dafür zu erlangen, welche Werkzeuge und Methoden sich in diesen komplexen Prozessen bewährt haben. Die wichtigsten Ergebnisse sind hier zusammengefasst und laden zum Nachmachen und Abwandeln ein.

Fünf Thementische:

❶--> Programm KfW 432: Antragsstellung, Inhalt, Abwicklung, Erfahrungen

❷--> Sanierungsmanagement: Rolle, Aufbau und Umsetzung

❸--> Quartierskonzepte erstellen

❹--> Wohnungswirtschaft und Energieversorger aktivieren – ihre Rolle in der energetischen Quartierserneuerung

❺--> Die Bevölkerung zur Teilnahme am Prozess der energetischen Quartierserneuerung aktivieren

Zwei Vorträge:

❶--> Umsetzungsprozess der energetischen Erneuerung in der Sennestadt

❷--> Die Energetische Quartierserneuerung in Nordrhein-Westfalen

Eine Quartiersbegehung:

❶--> zum Thema organische Stadtbaukunst in Bielefeld-Sennestadt
> siehe Kapitel »Identität schaffen«, Seite 144

THEMENTISCH ❶:
Dr. Kay Pöhler
KfW Bank

Beate Glöckner
Bundesministerium
für Umwelt, Natur-
schutz, Bau- und
Reaktorsicherheit
(BMUB)

Wolfgang Neusser
Bundesamt für
Bauwesen und
Raumordnung Berlin;
Begleitforschung

STECKBRI
GESUCHT
Sanierungsma

KFW 432
! ?

THEMENTISCH ❷ & VORTRAG ❶:
Thorsten Försterling
alberts.architekten BDA
und Sanierungsmanager,
Bielefeld-Sennestadt

THEMENTISCH ❸: *bis zu 5*
Armin Jung
Jung Stadtkonzepte,
Stadtplaner & Ingenieure,
Köln

WO KANN
FÖRDERUNG
HELFEN...

Sanierungsma
frühzeitig
beantragen

VORTRAG ❷:
Sabine Nakelski

Ruth Reuter
Ministerium für Bauen,
Wohnen, Stadtent-
wicklung und Verkehr
des Landes NRW
(MBWSV NRW)

THEMENTISCH ❹:
Wiltrud Grünebaum
DoGeWo 21,
Dortmund

Marc-André Müller
NEW Niederrhein
Energie und Wasser,
Mönchengladbach

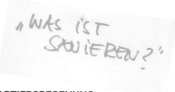

THEMENTISCH ❺:
Stefanie Hugot
InnovationCity GmbH,
Bottrop

QUARTIERSBEGEHUNG:
Marc Wübbenhorst
Hans-Bernhard-
Reichow-Gesellschaft,
Bielefeld
> siehe Kapitel »Identität schaffen«

Forum MASTERPLAN in Bielefeld WOHNEN

Stadt Bielefeld
Masterplan Wohnen

VERANSTALTER:
Stadt Bielefeld
MASTERPLAN WOHNEN

BEGRÜSSUNG:
Anja Ritschel
Umweltdezernentin
der Stadt Bielefeld

**FÜHRUNGEN &
IMPULSVORTRAG:**
Thorsten Försterling
Sanierungsmanager

PODIUMSDISKUSSION:
Sven Dodenhoff
Bauamt/Stadtentwicklung

Norbert Metzger
Bauamt/Wohnungs-
bauförderung

Uwe Hofmeister
Umweltamt/Klimaschutz

Dr. Ingo Kröpke
Stadtwerke Bielefeld

Jürgen Upmeyer
Haus & Grund Bielefeld

Ralf Brodda
Mieterbund OWL

MODERATOR:
Bernhard Neugebauer
Sennestadt GmbH

Das 16. Forum Masterplan Wohnen thematisierte die Möglichkeiten und Grenzen der energetischen Stadtsanierung. Der Masterplan Wohnen hat als wohnungspolitisches Netzwerk in Bielefeld seit 2006 Tradition und wird auch auf der Landesebene positiv wahrgenommen. Das Netzwerk greift regelmäßig aktuelle wohnungspolitische Themen auf und hat entsprechende Leitlinien, Ziele und Handlungsempfehlungen formuliert. Koordiniert wird der Masterplan Wohnen vom Bauamt der Stadt Bielefeld.

Mit dem „Handlungsprogramm Klimaschutz" hat sich der Rat der Stadt Bielefeld 2008 das ehrgeizige Ziel gesetzt, den CO_2-Austoß bis 2020 um 40 Prozent gegenüber dem Stand von 1987 zu reduzieren.

Sennestadt geht beim energetischen Sanierungsmanagement im Rahmen des Stadtumbaus schon länger einen vorbildlichen Weg. Die Sanierungsmanager beraten Bürgerinnen und Bürger über Sanierungsmöglichkeiten und zeigen ihnen Förderoptionen durch das Land NRW oder die KfW auf. Zum Beispiel wurde ein typisches Sennestädter Reihenhaus aufwendig saniert und als Musterbaustelle[1] in Szene gesetzt.

Programm des Tages:

--> Begrüßung am Stadtmodell in der Stadtteilbibliothek

--> Führung durch die Sennestadt

--> Führung durch die Ausstellung »Fünf Jahre Energetische Stadtsanierung, KfW-Förderprogramm 432«

--> Impulsreferat: Das Sanierungsmanagement Bielefeld-Sennestadt geht bundesweit als erstes in die Verlängerung

--> Podiumsdiskussion mit Masterplanern

[1] www.sennestadt-musterbaustelle.de

www.sennestadt-sanierungsmanagement.de

01 von links:
Uwe Hofmeister,
Bernhard Neugebauer,
Sven Dodenhoff,
Ingo Kröpke
02 Norbert Metzger
03 Thorsten Försterling
04 Anja Ritschel
05 Ralf Brodda
06 Ingo Kröpke

Wozu energetische Quartierskonzepte?

Fragen an Helmut Köchert
vom Städtebauministerium NRW

Was können die Kommunen für den Klimaschutz tun?

Sehr viel, vielleicht sogar das meiste, was man dafür tun kann. Die Energiewende kann nur gelingen, wenn sie dort beginnt, wo die meisten Treibhausgase produziert werden, wo die größten Energieeinsparpotenziale sind und wo erneuerbare Energien in großer Zahl eingesetzt werden können – und das sind die Kommunen mit ihren Wohnvierteln. Daher sind heute Klimaschutz, energetische Erneuerung und Klimaanpassung wichtige Faktoren einer nachhaltigen und integrierten Stadt- und Quartiersentwicklung.

Was macht den Klimaschutz auf dieser Ebene so effektiv?

Er wird vor allem dann effektiv, wenn wir über die Ebene einzelner Gebäude hinausdenken und das Stadtquartier als Ganzes mit seinen vielfachen Funktionsverflechtungen betrachten.
Deshalb setzt genau hier das KfW-Programm 432 (Energetische Stadtsanierung) an und fördert gezielt die Entwicklung energetischer Quartierskonzepte und ihre Umsetzung über ein Sanierungsmanagement. Ziel des Programms ist es ausdrücklich, die technischen und wirtschaftlichen Energieeinsparpotenziale im Quartier aufzuzeigen und dabei städtebauliche, denkmalpflegerische, baukulturelle, wohnungswirtschaftliche, demografische und soziale Aspekte zu beachten.

Das hört sich so komplex an, dass man sich kaum vorstellen kann, dass ein einziges Förderprogramm das alles abdeckt.

So ist es auch nicht. In Nordrhein-Westfalen ergänzen sich Städtebauförderung und KfW-Förderung in idealer Weise. Seit 2013 ist die energetische Quartierserneuerung Bestandteil der Städtebauförderung. Nach Nr. 11.1 der Richtlinien können Kommunen innerhalb einer Gebietskulisse nach dem Baugesetzbuch die energetische Gebäudemodernisierung privater Eigentümer fördern – und schaffen damit Anreize für private Investoren. Außerdem werden nach Nr. 11.3 der Förderrichtlinien Zuschüsse zur Modernisierung und energetischen Erneuerung von Gemeinbedarfseinrichtungen im kommunalen Kernhaushalt eingesetzt. Als dritte Achse stellt die Wohnraumförderung Fördermittel für die energetische Sanierung im Gebäudebestand zur Verfügung, die sogenannte RL-BestandsInvest.

Wie bewegen Sie die Verantwortlichen in den Kommunen dazu, sich um diese Förderungen und Möglichkeiten zu kümmern?

Wir schreiben ihnen das natürlich alles regelmäßig. Aber es hat sich gezeigt, dass persönliche Gespräche über praktische Beispiele mehr bringen. Deshalb begleiten und organisieren wir vom Städtebauministerium des Landes NRW einen regelmäßigen Erfahrungsaustausch der zuständigen Fachleute aus den Kommunen zu allen Fragen der Energetischen Stadtsanierung, immer auch mit Beteiligung des Bundes, der Energieversorger, der Wohnungsbauunternehmen und anderer Partner. Wie wichtig ein solcher Austausch für alle Beteiligten, insbesondere aber für die Kommunen ist, hat die Veranstaltung in der Bielefelder Sennestadt am 14.9.2016 in eindrucksvoller Weise gezeigt.

www.mbwsv.nrw.de

Ergebnisse des Tages

Die wichtigsten Bedingungen, Methoden, Erkenntnisse aus den Vorträgen und Thementischen des Erfahrungsaustausches sowie aus der Podiumsdiskussion beim MASTERPLAN WOHNEN sind hier zusammengefasst. Dabei bilden die Stichwörter in etwa den Ablauf eines Sanierungsprozesses ab.

Quartierskonzept

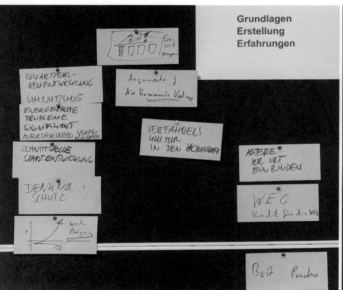

Stadtplaner Armin Jung

Quartiere sind Untereinheiten der Stadtteile, so Armin Jung (Jung Stadtkonzepte). In den Quartieren einer Stadt ist der strukturelle Erneuerungsbedarf oft sehr vielseitig: Es gibt z. B. energetische Missstände, eine überalterte Bevölkerung, fehlende Infrastruktur. Quartiere unterscheiden sich in ihrer Baustruktur, ihrer Eigentümer- und Bewohnerstruktur, ihrer sozialen, energetischen und verkehrstechnischen Infrastruktur. Demografischer Wandel und Energiewende wirken auf die Quartiere ein.

Armin Jung plädiert für die Beauftragung eines Sanierungsmanagers, der bereits vor Ort vernetzt ist und Vertrauen genießt. Diese Tätigkeit könne man nicht europaweit ausschreiben. Wichtig sei, dass Umweltamt und Planungsamt (Bauamt) sich von Anfang an an einen Tisch setzen. Die Kommune, so Jung, müsse klare Ziele setzen und darin glaubwürdig sein. Sie könne die Sanierungsziele in andere stadtplanerische Ziele einbauen, z. B. in die Konversion von militärischen Flächen.

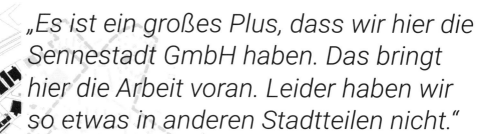

„Es ist ein großes Plus, dass wir hier die Sennestadt GmbH haben. Das bringt hier die Arbeit voran. Leider haben wir so etwas in anderen Stadtteilen nicht."

Uwe Hofmeister

In Bielefeld haben Bauamt, Umweltamt, Sennestadt GmbH, Stadtwerke und Jung Stadtkonzepte als externer Berater ein gemeinsames Projektteam gebildet, um das Quartierskonzept für die Sennestadt zu entwickeln. In diesem Team ist ein besonderes Vertrauensverhältnis entstanden, betonen Uwe Hofmeister, Klimaschutzbeauftragter im Umweltamt, und Sven Dodenhoff, Teamleiter Stadtentwicklung im Bauamt, unisono. Hofmeister: „Es ist ein großes Plus, dass wir hier die Sennestadt GmbH haben. Das bringt hier die Arbeit voran. Leider haben wir so etwas in anderen Stadtteilen nicht." Dodenhoff: „Die gemeinsame Aufmerksamkeit für das Thema ist gewachsen. So systematisch wie in Sennestadt gab es das nirgendwo anders. Hier hat der systematische Quartiersblick eine Chance, als Beispiel für andere Stadtteile. Das macht einfach Spaß."

Die Sennestadt profitierte allerdings auch von der Gunst der Stunde, erinnert sich Ingo Kröpke (Stadtwerke): „Das Umfeld war 2012 so: Kurz nach Fukushima wollten alle etwas ändern, und der Strom war noch etwas wert."

In Mittelstädten um 50-60.000 Einwohner hat sich als Organisationsform die Stabsstelle beim Bürgermeister bewährt; so in Herten oder Ludwigsburg. In Bielefeld-Sennestadt und der InnovationCity Bottrop fährt man gut damit, Ziele wie nachhaltige Mobilität und Barrierefreiheit mit der energetischen Sanierung zu verknüpfen.

Energie und CO_2

11 % des deutschen CO_2-Ausstoßes stammen
aus Gebäuden, sagte Ruth Reuter. 25 % stammen
aus Privathaushalten, davon 66 % aus den privaten
Heizungsanlagen. Bestandsbauten verbrauchen
rund dreimal so viel Energie wie Neubauten.
Das zeigt, wie wichtig die energetische Sanierung
für den Klimaschutz ist. > Tabelle rechts

Inzwischen sehen sich viele Stadtwerke als Vorreiter des Energiesparens. Ingo Kröpke (Stadtwerke
Bielefeld): „Wir beraten unsere Kunden darin, wie
sie möglichst wenig Strom, Gas, Wasser von uns
abnehmen. Parallel dazu senken wir aktiv den CO_2-
Ausstoß unseres Strommixes. Der vollständige
Ausstieg aus der Kohleverstromung – mit Stillle-
gung der Kessel in Veltheim[1] und Bielefeld – hat
ganz viel gebracht. Wir haben das ehrgeizige
2020-Ziel für den Klimaschutz, den CO_2-Ausstoß
unseres Stroms um 40 % zu senken, schon in
2016 erreicht. Die Strompotenziale haben wir
inzwischen ausgeschöpft. Jetzt geht es uns um
das Heizen. 15 % des deutschen Kohlendioxid-

**Energieverbrauch nach
Anwendungsbereichen
in privaten Haushalten
2014***

[1] Das Kohle- und Gaskraftwerk Porta Westfalica-Veltheim

- Rund 66 % der Energie wird in privaten
  Haushalten für Heizen verbraucht
- Bestandsbauten verbrauchen
  durchschnittlich 3 x so viel Energie wie
  Neubauten
- Sanierungsquote in NRW liegt bei unter
  1 %
→ Vorsorge treffen für den Klimawandel
→ Ausgleich von klimapolitischen und
  sozialpolitischen Interessen sowie
  Vereinbarkeit mit Stadtbaukultur

Ruth Reuter: Bestandsbauten verbrauchen
rund dreimal so viel Energie wie Neubauten.

608 Terawattstunden

RAUMWÄRME
66,8%

WARMWASSER
16,4%

SONSTIGE PROZESSWÄRME
(z.B. Waschmaschine, Geschirrspüler)
6,1%

SONSTIGE PROZESSKÄLTE
(z.B. Kühl- und Gefrierschrank)
4,5%

INFORMATIONS &
KOMMUNIKATIONSTECHNIK
3,8%

BELEUCHTUNG
2,0%

SONSTIGES
0,5%

* vorläufige Angaben
Quelle: Bundesministerium für Wirtschaft und Energie
Energiedaten: Gesamtausgabe, Stand 01/2016

Ausstoßes kommen aus der privaten Heizung. Die Frage der Fragen ist: Wie knacken wir den Wohnungsbestand?" Die Zukunft, so Kröpke, liege wohl in Insellösungen.

Allerdings mussten sich Stadtwerke Bielefeld und Sennestadt GmbH gerade von einer solchen verabschieden: Die geplante Klimaschutzsiedlung auf dem Schilling-Gelände wird nicht, wie anfangs geplant, mit einem Bürgernetz auf Basis von Kraft-Wärme-Kopplung (KWK) verwirklicht, weil sich die bundesgesetzlichen Rahmenbedingungen nachteilig entwickelt haben. Bestehende Fernwärmenetze werden ausgebaut, aber neue sind schwer realisierbar. Eine Alternative sieht Kröpke in vernetzter Geothermie – also Wärmepumpen mit einem Wärmespeicher auf Quartiersebene.

Auch in Bottrop ist Fernwärme nach wie vor eine wichtige Option und gilt bei den dortigen Sanierungsprogrammen als vorrangige Förderoption.

„15% des deutschen Kohlendioxid-Ausstoßes kommen aus der privaten Heizung."

Ingo Kröpke

Stadtumbau und energetische Sanierung

Die Frage, welche Stadtteile und Quartiere man für die Quartierserneuerung als erstes auswählt, wurde in Bielefeld diskutiert. Sven Dodenhoff vom Bauamt rekapituliert den Prozess: Im Jahr 2007 ließ das Bauamt ein integriertes städtebauliches Entwicklungskonzept für die Gesamtstadt Bielefeld (ISEK Stadtumbau Bielefeld) erarbeiten. Das ISEK setzt einen sachlichen und räumlichen Orientierungsrahmen für die Prozesse des Stadtumbaus bzw. der Sozialen Stadt in Bielefeld.

Seit 2008 läuft die Umsetzung in den vier Handlungsgebieten Nördlicher Innenstadtrand, Sieker-Mitte, Bethel und Sennestadt. In Sennestadt bestand und besteht ein ausgeprägter Modernisierungsbedarf der Wohnbestände, sowohl in qualitativer als auch in energetischer Hinsicht.

Kurzlink:
bit.ly/stadtumbau-sennestadt

Im Sinne einer gesamtheitlichen und nachhaltigen Entwicklungsstrategie hat sich die Stadt Bielefeld gemeinsam mit den Stadtwerken Bielefeld und der Sennestadt GmbH um die Teilnahme am KfW-Programm »Energetische Sanierung« erfolgreich beworben.

Auf Grundlage des integrierten Quartierskonzeptes »Vitamine für das Wirtschaftswunder« setzt ein Sanierungsmanager die energetische Sanierung in Sennestadt seit 2014* um.

Der Klimaschutzbeauftragte Uwe Hofmeister findet das für die Sennestadt schlüssig: „Man hat in der Nachkriegszeit völlig ohne Wärmedämmung gebaut. Deshalb ist das Potenzial dort riesig."

* Bericht:
2 Jahre Sanierungsmanagement 2016 zum downloaden.

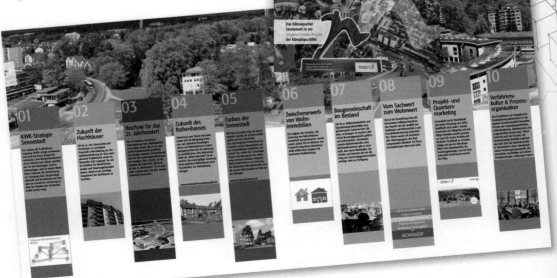

Kurzlink: bit.ly/energetische-stadtsanierung

Förderungsmöglichkeiten im Überblick

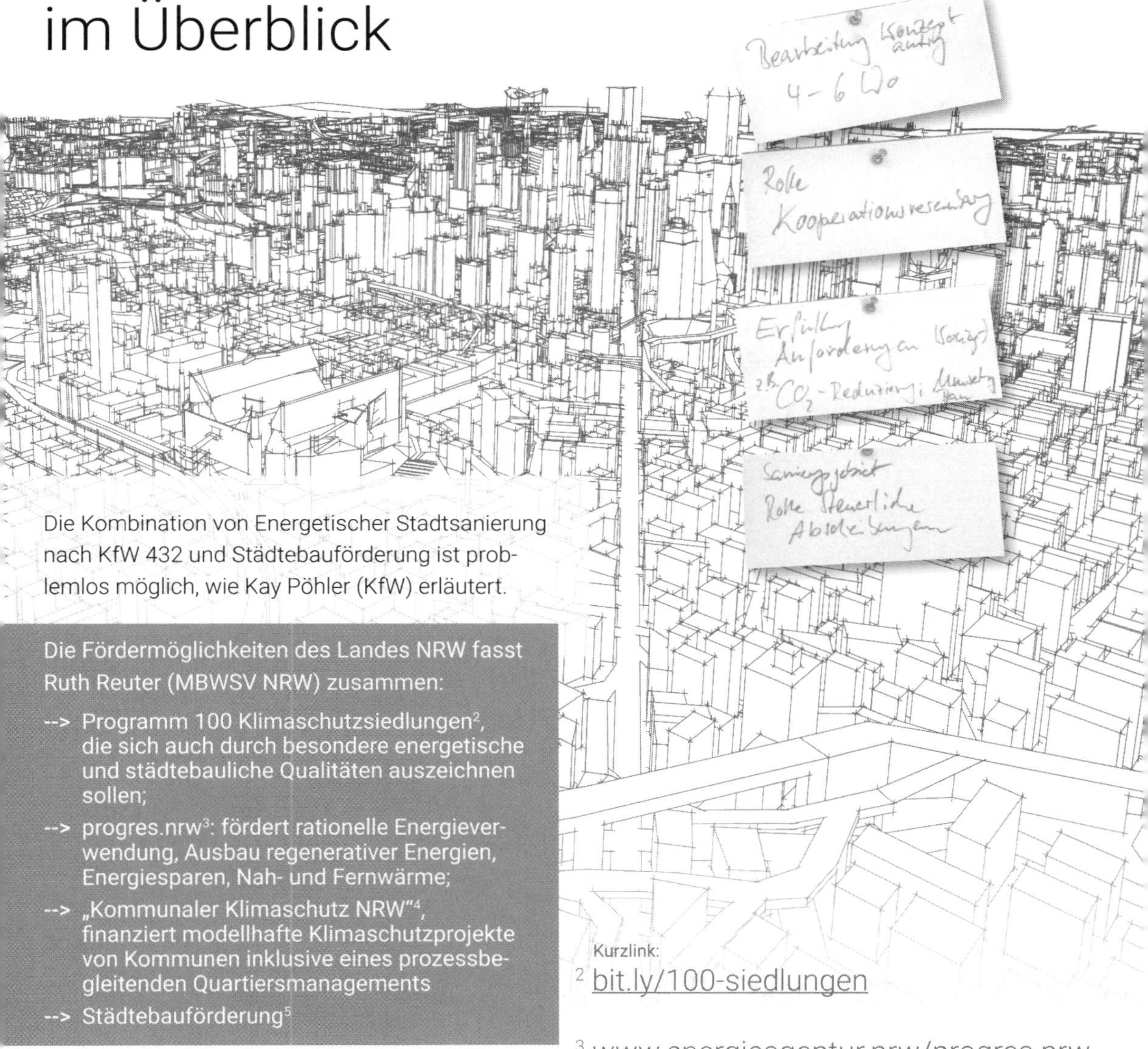

Die Kombination von Energetischer Stadtsanierung nach KfW 432 und Städtebauförderung ist problemlos möglich, wie Kay Pöhler (KfW) erläutert.

Die Fördermöglichkeiten des Landes NRW fasst Ruth Reuter (MBWSV NRW) zusammen:

--> Programm 100 Klimaschutzsiedlungen[2], die sich auch durch besondere energetische und städtebauliche Qualitäten auszeichnen sollen;

--> progres.nrw[3]: fördert rationale Energieverwendung, Ausbau regenerativer Energien, Energiesparen, Nah- und Fernwärme;

--> „Kommunaler Klimaschutz NRW"[4], finanziert modellhafte Klimaschutzprojekte von Kommunen inklusive eines prozessbegleitenden Quartiersmanagements

--> Städtebauförderung[5]

§ 177 Baugesetzbuch enthält ein Modernisierungsgebot.[6] Wenn die Kommune ein solches verfügt oder vertraglich mit dem Eigentümer eine Modernisierung vereinbart, hat der Eigentümer Anspruch auf Kostenerstattung. § 164a (3) BauGB regelt den Einsatz von Städtebauförderungsmitteln für diese Kostenerstattung und ist insofern die gesetzliche Grundlage für eine Förderung nach Nr. 11.1 der Förderrichtlinie Stadterneuerung NRW.

Kurzlink:
[2] bit.ly/100-siedlungen

[3] www.energieagentur.nrw/progres.nrw

[4] www.klimaschutz.nrw.de

Kurzlink:
[5] bit.ly/staedtebaufoe

Kurzlink:
[6] bit.ly/baugb-177

Voraussetzung ist entweder ein Gebot nach § 177 BauGB oder ein Vertrag zwischen Gemeinde und Eigentümer, der entsprechende Sanierungen vorsieht. Welche Sanierungsmaßnahmen gefördert werden sollen, entscheidet die Kommune auf der Grundlage der vorbereitenden Untersuchungen und der Sanierungsziele im Rahmen ihrer kommunalen Planungshoheit.

Die Förderrichtlinie Stadterneuerung NRW sieht regelmäßig eine Kappung der Förderung vor, wenn über 25 % der Sanierungskosten unrentierlich sind, also nicht anderweitig (z. B. durch Mieteinnahmen) refinanzierbar sind.

In Bottrop hat man die Erfahrung gemacht, dass ein Modernisierungsprogramm gemäß Städtebauförderichtlinie NRW Nr. 11.2 alleine schlecht angenommen wird. Deshalb zielt dort die Beratung auf eine Kombination mit der energetischen Sanierung ab, wie Stefanie Hugot (InnovationCity Ruhr) berichtet.

Das Land fördert entsprechende kommunale Förderprogramme oder bei besonderen Gebäuden (z. B. historischen Bahnhofsgebäuden) auch Einzelmaßnahmen als Bestandteil integrierter Entwicklungskonzepte. Die Kommune muss also eigene Förderrichtlinien aufstellen, wie Sabine Nakelski vom Bauministerium ausführt. Dabei empfiehlt das Landesministerium Förderpauschalen wie in § 177 unter anderem vorgesehen.

Beispiel für diese Vorgehensweise ist das Stadtumbaugebiet in Bottrop. Dort gibt es Pauschalen für 20 steckbriefartig definierte Gebäudetypen[7] mit passenden Maßnahmenpaketen und deren zu erwartenden rentierlichen und unrentierlichen Kosten. In einer benutzerfreundlichen Internet-Anwendung kann der Eigentümer sehen, was er für die Sanierung seines Objekts bekommen kann, ohne dabei schon nähere Angaben machen zu müssen.

Die 20 Typen in Bottrop decken rund 80 % aller Gebäude ab. Dabei fördert Bottrop besonders effiziente Maßnahmen stärker als andere Maßnahmen. Die Bottroperin Stefanie Hugot hat eine Botschaft an IHK und Handwerkskammer: Jeder Förder-Euro versiebenfacht sich im Schnitt durch Folgeaufträge.

www.icruhr.de

01 Stefanie Hugot (rechts):
Jeder Förder-Euro versiebenfacht sich.
02 Sabine Nakelski:
Die Kommunen müssen eigene Förderrichtlinien aufstellen.

[7] Grundlage: Gebäudebestandsanalyse nach Alter und Gebäudetypus, Energie- und CO_2-Bilanz, Jahresverbrauch und typische Einsparpotentiale, Ermittlung gebäudetypischer Modernisierungspakete, Heizwärmebedarfe und Einsparpotenziale, Erhebung von Daten zu Eigentümern und Mietern etc.

Sanierungs-management

An die Konzeptphase der energetischen Stadtsanierung schließt sich die Phase des Sanierungsmanagements an. Ursprünglich wurde das im zeitlichen Nacheinander gesehen, wie Kay Pöhler (KfW) erläutert. Die Praxis hat dann gezeigt, dass es oft sinnvoll ist, die beiden Phasen einander überlappen zu lassen, damit keine Lücke entsteht.

Die Städte können das Sanierungsmanagement ausschreiben, sobald das Quartierskonzept in der Grundausrichtung steht. Die Ausschreibungsprozedur kann ein halbes Jahr dauern. Auch ein gleichzeitiger Start von Konzeptphase und Sanierungsmanagement ist laut Pöhler möglich.

In Bottrop begleitet ein Sanierungsmanager die Maßnahmen im KfW-432-Gebiet, erläutert Stefanie Hugot. Er entwickelt jeweils quartiersbezogene Kampagnen (etwa zum Heizstrom) und bleibt wie ein Coach an den Themen und Leuten dran.

Ein Sanierungsmanager kann aus Sicht der KfW auch zwei benachbarte und ähnlich strukturierte Quartiere zugleich betreuen. Die Qualifikationsanforderungen an Sanierungsmanager sind oft nicht alle in einer Person zu erfüllen, so dass es gängig ist, Teams aus zwei oder mehr Personen zu bilden. So geschah es auch in Bielefeld-Sennestadt mit Heike Böhmer und Thorsten Försterling.

Stefanie Hugot:
Kostenlose Energieberatungen
sind ein guter Einstieg.

Beratung

Ob eine Sanierung stattfindet oder nicht, entscheiden letztlich die Hausbesitzer. Deshalb ist das wichtigste Werkzeug des Sanierungsmanagements die Beratung von Hausbesitzern, die ein Sanierungsprojekt erwägen. Wie machen es die erfolgreichen Quartiere?

In Bottrop wurden die meisten Mitmacher durch kostenlose Energieberatungen gewonnen. 45 % der dort „gut Beratenen" haben danach etwas getan. Viele Interessenten kommen in ein festes Büro am Bahnhof. Außerdem sind Energieberater vor Ort unterwegs. In Abgrenzung zu kommerziellen Energieberatern bietet die Stadt nur eine Erstberatung an. Die meisten Interessenten fragen zuerst nach ihrer alten Heizung, andere nach einem Energieausweis oder nach Zuschüssen für die Sanierung von Heizung, Dämmung oder Fenstern. Wer mit seinem Haus an einer Fernwärmeleitung liegt, wird für andere Heizungsformen nicht gefördert. Die Energieberatung wird für das ganze Stadtgebiet angeboten, also nicht nur für das KfW- und Städtebau-Fördergebiet.

In Bielefeld kommt, wie Thorsten Försterling berichtet, ein Ansatz aus der Erwachsenenbildung zum Einsatz. Er läuft darauf hinaus, verunsicherte Hausbesitzer mit Daten und Fakten zu versorgen, die sie dazu ermächtigen, eine qualifizierte eigene Entscheidung zu treffen. Dem dient zum Beispiel das Konzept der Hausakte > *siehe Seite 71*.

Thorsten Försterling beliefert Hausbesitzer mit Daten und Fakten.

Hemmnisse und Motive

In der Beratung geht es immer wieder darum, welche Gründe Hausbesitzer an einer Sanierung hindern und welche sie dazu motivieren. Dabei ist viel Psychologie im Spiel. Die kritische Frage: „Lohnt sich das für mich als Eigennutzer?" beantworten die Bielefelder etwa so: „Ja, es lohnt sich, der Wohlfühl-Effekt macht die Umstände wett. Wenn Ihnen die Immobilie persönlich viel wert ist, dann lohnt sich die Modernisierung für Sie auch dann, wenn sie sich ökonomisch vielleicht nicht rechnet", also die späteren Einsparungen unter dem Investitionsaufwand bleiben.

Viele Alteigentümer möchten keine Handwerker mehr in ihrer Wohnung haben, hat das Bauamt festgestellt. Lieber quälen sie sich weiter mit einer schlechten Ausstattung. Das kann sich ändern, wenn das Haus verkauft oder vererbt wird. Viele haben aber die Wohnung oder das Haus mit ihren letzten Groschen gekauft und kein Geld mehr für eine Modernisierung.

Thorsten Försterling weiß als Sanierungsmanager in der Sennestadt: Der Wunsch vieler Hauseigentümer nach Bewahrung ihrer Eigenständigkeit und Autonomie ist oft sehr groß – und hindert sie unter Umständen daran, sich mit ihren Nachbarn abzustimmen und etwa eine Reihenhauszeile gemeinsam und koordiniert anzupacken.

Eigentümergemeinschaften sind ein besonders heißes Eisen; das bestätigt Jürgen Upmeyer vom Verband Haus und Grund. Sind sie gar sanierungsresistent? Nicht ganz, findet Försterling: „Der Ansatz »Farben der Sennestadt« war eine Chance, um dort hineinzukommen. Leider gibt es fast immer einen 70-jährigen, der prinzipiell dagegen ist; das sagen uns die Hausverwaltungen. Die alten Verträge in der Sennestadt sehen oft noch die Allstimmigkeit vor. Das bedeutet: Auch wer nicht zur Versammlung kommt, blockiert das Vorhaben." Wie kommt man dann weiter? Försterling: „Vielleicht mit einer Projektstudie nach Art einer medizinischen Anamnese. Dort zeigt man auf, wie der Bestand beschaffen ist, welche Lebenserwartung er hat und welche Möglichkeiten es gibt, eine Modernisierung durchzuführen. Dann hat jeder Eigentümer eine verlässliche Entscheidungsgrundlage."

www.sennestadt-farben.de

Wiltrud Grünebaum:
Wir behalten die
Angst der Mieter
vor steigenden
Mieten im Auge.

Partizipation der Mieter

Bei den Sanierungsprojekten in Dortmund hat viele Hausbesitzer und auch Mieter die Frage bewegt, wie man das aus den 1950er Jahren stammende Quartier attraktiv halten könne, berichtet Wiltrud Grünebaum von der DoGeWo. Soziale Aspekte wurden von Anfang an mit einbezogen, vor allem die Angst der Bewohner vor steigenden Mieten. Ein beliebtes Argument pro Sanierung sind die (hoffentlich) fallenden Nebenkosten – doch ob sie wirklich gesunken sind, kann man erst nach mehreren Jahren sehen, wenn man Drei- oder Fünf-Jahres-Mittel bilden kann. Hier schlagen leider oft Rebound-Effekte zu > *siehe Seite 35.*

Dass die Mieter besser informiert werden wollen, bestätigt Ralf Brodda vom Mieterbund OWL. „Sie wollen, dass Leute kommen und mit ihnen reden. Viele haben Angst, dass die Mieten stärker steigen als die Verbrauchskosten sinken."

Während die Verhandlungen mit Hauseigentümern zum Kerngeschäft des Sanierungsmanagements gehören, da sie gegebenenfalls die Vertragspartner sind, sind die Mieter als Betroffene und als Meinungsbildner im Spiel und deshalb zu beteiligen. Betroffen sind sie nicht nur von einer Modernisierung ihres Wohnhauses, sondern auch von einer Nichtmodernisierung, was häufig übersehen wird.

In Dortmund kümmert sich die DoGeWo, wie schon erwähnt, intensiv um die Partizipation der Mieter. Der Mieterbund OWL erinnert an weitere Aspekte: Die Mieter wollen prüfen, was wirklich eine Modernisierung ist und was nur eine Instandhaltung, die keine Mieterhöhung gerechtfertigt – zum Beispiel die Erneuerung maroder Fenster.

Kennzahlen des Erfolgs

Im Zeitalter der Evaluation möchten viele Beteiligte, vor allem aber Geldgeber, gerne wissen, welche Erfolge eine energetische Quartierserneuerung nach einem, zwei oder fünf Jahren erzielt hat.

Mögliche Kennzahlen dafür sind

--> die Sanierungsquote (oder Sanierungsrate),

--> die gesunkenen Nebenkosten (absolut nominal, absolut preisbereinigt und relativ),

--> die erzielte CO_2-Einsparung (absolut und relativ).

Leider sind alle drei nur schwer zu ermitteln und auch nur schwer eindeutig zu definieren. Die sogenannte Sanierungsquote (oder Sanierungsrate) soll im Prinzip angeben, wie viele Wohngebäude bereits (energetisch) saniert wurden, oder wie viel vom insgesamt denkbaren Sanierungspotenzial im Gebäudebestand in einem Jahr verwirklicht wurde. Leider gibt es in Deutschland keine amtliche Definition einer Sanierungsquote und nur einige recht widersprüchliche, auf Stichproben beruhende Forschungsergebnisse, nach denen die jährliche Sanierungsquote in Deutschland mal mit 0,2, mal mit 0,8, mal mit 0,9 und mal mit 1,1 % pro Jahr angegeben wird.

Die Entwicklung der Nebenkosten ist wetterabhängig und deshalb erst im drei- bis fünfjährigen Mittel einigermaßen aussagekräftig. Betrachtet man die Nebenkosten aber etwa über fünf Jahre, müssen sie preisbereinigt werden, d. h. die allgemeine Inflationsrate muss herausgerechnet werden. Weitere Verzerrungen kommen hinein, wenn sich die Zahl der Bewohner pro Fläche verändert hat.

Wie viel CO_2 eingespart wurde, ist mit am schwierigsten zu beantworten, so Klimaschutzbeauftragter Uwe Hofmeister. Prinzipiell kann man das über den Verbrauch an Heizstoffen ermitteln, aber wiederum, wie bei den Nebenkosten, nur im mehrjährigen Mittel. Dafür müssten diese Daten zentral erfasst werden, was nicht geschieht. Eine andere Möglichkeit sind pauschalisierte Einspareffekte, die jeder Einzelmaßnahme zugeordnet werden.

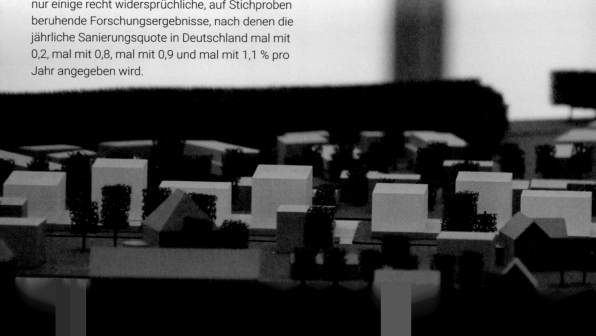

Die Identität des Quartiers

Sanierungen, vor allem die Wärmedämmung der Fassade, können das Aussehen der Häuser stark verändern und so in den städtebaulichen Charakter eines Straßenzugs oder Quartiers eingreifen. Dieser wiederum ist Teil der Identität: Viele Bewohner identifizieren sich mit einem bestimmten Stadtbild ihrer Heimatstraße und ihres Heimatquartiers. Auch aus kulturhistorischen, denkmalpflegerischen und sozialen Gründen soll sich der architektonische Charakter vieler Häuser und Quartiere durch die Sanierung nicht grundlegend ändern.

Ähnlich verfährt man in Bottrop. Die dortige Sanierungsbegleitung wird auch außerhalb des KfW-Gebiets angeboten und berät u. a. bei der Auswahl der Außenfarben mit dem Ziel, die farbliche Identität der jeweiligen Straße zu erhalten. Hugot: „Das kommt bei den einen an, bei den anderen nicht. Es lohnt sich jedenfalls, die Gestaltung der Häuser bei der energetischen Sanierung im Blick zu behalten."

> *„Es geht ja darum, die Gesamtheit des Gebäudes zu betrachten und auf dieser Basis sinnvoll und schrittweise zu modernisieren."*
>
> Heike Böhmer

Ein wichtiges Thema ist das besonders für die sogenannte Reichow-Städte und Siedlungen, die wie die Sennestadt auf Pläne des Architekten und Stadtplaners Hans Bernhard Reichow zurückgehen. Wie sie mit diesem Problem umgehen, war Gegenstand einer Diskussion der Hans-Bernhard-Reichow-Gesellschaft am 11. September 2016. > *siehe Seite 135*

Ein wichtiges Instrument vor Ort ist das Konzept »Farben der Sennestadt« > *siehe Seite 142*: Sanierungswillige Hausbesitzer bekommen als Orientierungshilfe für ihre Fassadengestaltung einen Farbfächer an die Hand, der das ursprüngliche Farbkonzept der Sennestadt rekonstruiert und weiterentwickelt.

Dass das Thema Quartiers-Identität ein motivierender Faktor bei Sanierungen ist, hat die DoGeWo in Dortmund festgestellt. Hausbesitzer wie auch Mieter waren oft sehr interessiert an der Frage, wie man das aus den 1950er Jahren stammende Quartier auch in seinem Erscheinungsbild freundlich und attraktiv halten könne.

Die Stadtarchitektur
ist faszinierend

Interview mit den Sennestädter Sanierungsmanagern Heike Böhmer und Thorsten Försterling nach drei Jahren Sanierungsmanagement (KfW 432)

Welche Wunschvorstellung vom Anfang mussten Sie begraben, welche haben Sie erreicht?

Försterling: Vieles von dem, was wir uns vorgenommen haben und was man von uns erwartet, hat stattgefunden. Wir hätten gerne schon ein Hochhaus im Anpack gehabt. Gelernt haben wir, dass die Dinge Zeit brauchen, gerade bei Wohnungseigentümergemeinschaften.

Haben Sie ein Vorzeigeprojekt?

Böhmer: Ja, die Musterbaustelle eines Reihenhauses, die im März 2016 mit einer Hausmesse offiziell dem Bauherrn übergeben wurde und als

leuchtendes Beispiel auch im Internet dokumentiert wird.[8] Wir haben erreicht, dass wir wahrgenommen werden, dass die Menschen, die hier leben, in Bezug auf ihre Gebäude insgesamt interessierter, motivierter und modernisierungswilliger geworden sind.

Kann die Sennestadt ein CO_2-neutraler Stadtteil werden?

Böhmer: Unbedingt. Darauf arbeiten wir hin, dass wir die Klimaziele 2050 der Stadt Bielefeld erreichen. Sennestadt wird deutlich als CO_2-neutraler Stadtteil zu erkennen sein.

Woran würden wir erkennen, dass das Ziel erreicht ist?

Försterling: Das wird man zukünftig an der Infrastruktur erkennen. Wir werden technische Einrichtungen haben, die jetzt noch nicht da sind, z. B. Großspeicher und Blockheizkraftwerke.
Was den ÖPNV und Individualverkehr angeht, auch hier werden Änderungen stattfinden. Die Sennestadt ist mit der Trennung der unterschiedlichen Verkehrsteilnehmer, Rad- und Fußwegenetz gut aufgestellt. Die gesellschaftliche Entwicklung geht dahin, sich den öffentlichen Raum wieder stärker anzueignen. Auch dies ist ein Zeichen: Ich bin hier in diesem Stadtteil, in dem es sich lohnt zu leben.

Von welchen der angelaufenen Maßnahmen versprechen Sie sich über die Jahre das größte CO_2-Einsparungspotenzial?

Försterling: Das meiste bringt die individuelle Hausbetrachtung mit dem, der dort wohnt.

[8] www.sennestadt-musterbaustelle.de

Erfolg ist immer auch eine individuelle Aussage: Für jemand, der sein Haus gut in Schuss hat, bringt es am meisten, die technische Gebäudeausrüstung zu überprüfen. Und für jemanden, der ein Haus hat, in dem seit Erbauung nichts geändert wurde, bringt es am meisten, sich mit der energetischen Modernisierung der Gebäudehülle auseinander zu setzen.

Bei welchem ihrer Projekte wäre ein Erfolg am dringendsten zu erwarten?

Försterling: Das „gemeinschaftliche Sanieren" ist das höchste Ziel: bei einer Wohnungseigentümergemeinschaft in einem der Hochhäuser oder bei zusammenhängenden Mehrfamilienhäusern oder gleich bei einer ganzen Reihenhauszeile.
Auf diesem Feld wäre das der größte Durchbruch und ein echter Leuchtturm für die Sennestadt – ähnlich wie die Musterbaustelle auf dem Feld der Einzelhaussanierung.

Welche Argumente ziehen, wenn Sie Hausbesitzer überzeugen wollen, die Sanierung anzupacken?

Böhmer: Wir haben mehr als einmal bei unseren Veranstaltungen gemerkt, dass die Leute durch unsere Informationen erst einmal auf die Spur gebracht werden, an ihrem Haus etwas zu tun. Das war der erste Schritt: Sie kümmern sich wieder um ihr Haus.
Försterling: Sich selbst überzeugen, Übernahme der Verantwortung für das eigene Gebäude und die Wertschätzung. Qualität und Kommunikation sind die Themen, die immer wieder nach vorne treiben. Darin steckt, die Wertschätzung für den Stadtteil zu kommunizieren.

Und was hindert viele Bauherren daran, den Schritt zu tun?

Böhmer: Oft ist es eine finanzielle Frage. Wir haben auch gemerkt, dass das Alter eines Eigentümers ein Problem sein kann. In einem höheren Lebensalter hat man oft andere Prioritäten als das Haus anzufassen.

Försterling: Viele denken, es ist zu komplex; besonders bei einer Eigentümergemeinschaft. Die Leute haben Angst; es gibt zunächst keinen Fahrplan. Doch diesen Fahrplan haben wir entwickelt, in Form einer Projektstudie. Eine Eigentümergemeinschaft leidet meist darunter, dass es keinen fixen Ausgangspunkt gibt, auf den man sich einigen kann, weil der in der Vergangenheit eben nie festgelegt wurde. Dabei kommt es stark auf die Hausverwaltung an. Hausverwalter ziehen mit, wenn sie sehen, dass ein solches Vorgehen für sie einen Vorteil bedeutet und im Umgang mit den Eigentümern auch Sicherheit bietet. Dazu muss man in der Projektstudie ein konkretes Gebäude genau betrachten, eine Art Anamnese machen wie beim Arzt. Dann kann man verschiedene Qualitätsstufen der Sanierung definieren, daraus Maßnahmen ableiten und in Einzelschritte zerlegen.

Sieht man als Besucher der Sennestadt etwas von Ihren Aktivitäten und Projekten?

Försterling: Die »Farben der Sennestadt« zum Beispiel. Bei dem Projekt haben wir einen Farbfächer mit der Originalfarbigkeit aus der Reichow-Zeit hergestellt.[9] Der Fächer dient bei Fassadensanierungen als Orientierung. Die Farben sind bereits an einigen Stellen umgesetzt worden. Und jetzt wird es an einem Neubau an der Elbeallee weitergehen, wo sie an einem Mehrfamilienhaus zu sehen sind; so dass auch hier der Bezug ist: Alt und Neu, im Kontext der Aktualisierung der Sennestadt.

Gibt es jüngere Interessenten für Wohnungen? Familien mit Kindern?
Böhmer: Ja. Bei unserer Musterbaustelle ist beispielsweise dieser Generationswechsel vollzogen worden. Der wird zukünftig bei vielen der Gebäude, mit deren Eigentümern wir im Moment zu tun haben, eine Rolle spielen. Auch das Thema Barrierefreiheit.

Barrierefreiheit? Kann man mit dem Begriff werben?
Försterling: Barrierefreiheit betrifft jeden. Barrierefreiheit hat zunächst nichts zu tun mit rollstuhlgerecht oder behindertengerecht. Barrierefreiheit bedeutet Wohnkomfort. Ein Beispiel: Die bodengleiche Dusche ist mittlerweile für alle interessant.

Lässt sich die energetische Sanierung mit dem Thema Barrierefreiheit verbinden?
Böhmer: Besser geht es nicht. Es gibt dadurch einen Anlass, bei dem man Dinge kombinieren kann. Insofern wäre es fatal, wenn wir das nicht ansprechen würden. Für uns ist das eine ganz wichtige Geschichte, genauso wie das Thema Sicherheit. Wenn bei einer Modernisierung Energieeffizienz bedacht wird, muss immer auch in Richtung Barrierefreiheit überlegt werden: bei der Haustür, bei den Fenstern, es gibt viele Gelegenheiten – und das Interesse daran ist groß.
Försterling: Der Fördergeber berücksichtigt das, indem energetische Sanierung und Abbau von Barrieren in Förderprogrammen kombiniert werden können. Dieser Trend wird vom Fördergeber gesehen und unterstützt. Das ist richtig so.

> *„Jede energetische Sanierung muss gut vorbereitet werden: Kommunikation führt zu Qualität."*
>
> Thorsten Försterling

Für die Sennestadt und speziell für die energetische Sanierung scheinen recht viele Akteure zuständig zu sein: die KfW als Geldgeber, die Stadt mit Bauamt und Umweltamt, die Stadtwerke, die Sennestadt GmbH, die zahlreichen Eigentümer, der Sennestadtverein als Hüter der Reichow'schen Ideen… Habe ich noch jemanden vergessen?
Försterling: Die Bürgerinnen und Bürger. Jeder, der beteiligt ist. Das ist die Sennestadt! Das zeigt das Urbane. Partizipation und Teilhabe der Bürger ist in allen Teilprojekten Programm. Kommunikation steht vor allem.

Sind das die sprichwörtlichen vielen Köche, die den Brei ständig zu verderben drohen?
Böhmer: In unserem Fall ganz bestimmt nicht. Wir sind sehr froh, dass wir in unserer Zusammenarbeit die genannten Beteiligten dabei haben. Jeder für sich hat seine Sichtweise und seine eigene Verantwortung für den Stadtteil, und gerade diese Zusammenarbeit ist das Positive. Eine Erfahrung, die wir gerne an andere Kommunen weitergeben: Diese Zusammenarbeit ist eine Voraussetzung für uns, dass Sanierung hier so gut funktioniert und so erfolgreich ist.

Was können Vertreter anderer Städte hier lernen?

Försterling: Eine Institution wie eine Stadtteilentwicklungsgesellschaft zu haben, die sich jetzt zu einer Art Transformationsgesellschaft für den Stadtteil entwickelt hat, namentlich die Sennestadt GmbH. Sie koordiniert alle Aufgaben zwischen Verwaltung, Bürgern, anderen Experten. Und auch, dass man ein Projekt entwickelt, bei dem die Multiplikatoren wie Stadtwerke, Umweltamt, Bauamt mit dabei sind. Das schafft eine Basis, auf der Kommunikation stattfinden kann. So führt die Sennestadt GmbH Dinge zusammen. Die Historie betrachten, ein individuelles Konzept erstellen – das sind Schlagworte, die gelten.

Böhmer: Unsere Zusammenarbeit insgesamt ist ein gutes Beispiel. Ein vor Ort bestehendes Architekturbüro, das direkt in der Praxis arbeitet, kombiniert mit unserem Forschungsinstitut, damit sind wir gut aufgestellt. Wir beide haben jeweils einen etwas anderen Blickwinkel auf die Dinge, aber dasselbe Ziel. Das erweitert den Horizont.

www.sennestadt-musterbaustelle.de

www.sennestadt-sanierungsmanagement.de

[9] www.sennestadt-farben.de

01 Das Reihenendhaus vor der Sanierung
02 Momentaufnahmen der Sanierung
03 Nach der Sanierung: Fassade in neuen, alten „Farben der Sennestadt"
04 Das modernisierte Bad

Vom Konzept zum wohnungs- politischen Netzwerk

Bernhard Neugebauer
über den Masterplan
Wohnen in Bielefeld

„Der Bielefelder MASTERPLAN WOHNEN wird landesweit als beispielgebender und vorbildlicher Prozess wahrgenommen"

Was können wir heute besser machen, damit Bielefeld auch in Zukunft ein attraktiver Wohnstandort bleibt? Welche Stellschrauben müssen am Wohnungsmarkt neu justiert werden, um den künftigen gesellschaftlichen, demographischen und wirtschaftlichen Veränderungen gerecht zu werden? Mit diesen Fragestellungen ist in Bielefeld seit 2006 der Masterplan Wohnen entwickelt worden. Private und öffentliche Aktivitäten werden mit dem gemeinsamen Ziel gebündelt, den lokalen Wohnungsmarkt auf die Herausforderungen der Zukunft auszurichten.

Über 50 Wohnungsmarktakteure gestalten den Masterplan Wohnen. In einem kooperativen Prozess ist ein lokales Handlungskonzept Wohnen erarbeitet worden, aus dem dann wohnungspolitische Leitlinien bis 2020 abgeleitet worden sind. Die gewählten inhaltlichen Schwerpunkte „Attraktive Wohnquartiere" und „Zukunftsweisende Wohnformen" sind nach wie vor brandaktuell. Alle politischen Beschlüsse zum Masterplan Wohnen sind einstimmig gefasst worden. Und nicht nur die: Seit Bestehen des Masterplans Wohnen haben die politischen Gremien Bielefelds nur noch einstimmige wohnungspolitische Beschlüsse gefasst, wie Umweltdezernentin Anja Ritschel in ihrem Grußwort betonte. In der Bielefelder Kommunalpolitik ist das alles andere als selbstverständlich.

Der Bielefelder Masterplan Wohnen wird landesweit als beispielgebender und vorbildlicher Prozess wahrgenommen. Dabei ist die interdisziplinäre und kooperative Arbeitsweise mit einer Vielzahl von Akteuren hervorzuheben. Ohne eigenes Budget und ohne Beteiligung externer Gutachter lebt der Masterplanprozess vom Engagement der lokalen Fachöffentlichkeit.

Zahlreiche Beispiele für gelungenen Städtebau und Wohnungsbau zeigen, dass viele Handlungsempfehlungen des Masterplans Wohnen in Bielefeld umgesetzt werden. Innovative Projekte, die auf den Zielen des Masterplans Wohnen basieren, konnten sogar durch Zusatzkontingente im Rahmen der öffentlichen Wohnraumförderung realisiert werden.

Von 2006 bis 2010 wurden mehrere Veröffentlichungen des Masterplans Wohnen erarbeitet. 2015 erschien eine Aktualisierung der wohnungspolitischen Handlungsempfehlungen. Im Veranstaltungsformat „Forum Masterplan Wohnen" haben bis 2016 jeweils ca. 40 Wohnungsmarktakteure 17 Mal verschiedene wohnungspolitische Themen beackert. In vier Exkursionen, u. a. nach Berlin und Amsterdam, haben wir den überregionalen fachlichen Austausch forciert.

Vor dem Hintergrund der aktuellen Anspannung des Wohnungsmarktes ist das wohnungspolitische Netzwerk in den Prozess zur Entwicklung eines Perspektivplans Wohnen 2020/2035 inklusive Baulandprogramm für Bielefeld eingebunden.

www.bielefeld.de/de/pbw/muw/mumw

Ergebnisdokumentation als PDF:
bit.ly/masterplan-wohnen2007

CHECKLISTE
»Energetische Quartierserneuerung«

- [01] Hat die Kommune klare Ziele für das Quartier gesetzt und die Sanierungsziele mit ihren anderen Zielen, z. B. einer Flächenkonversion, abgestimmt?

- [02] Haben sich Umweltamt und Planungsamt (Bauamt) beim Erstellen des Quartierskonzepts an einen Tisch gesetzt?

- [03] Wurden alle Fördermöglichkeiten des Landes genutzt und sinnvoll kombiniert? Nämlich „100 Klimaschutzsiedlungen", „progres.nrw", „Kommunaler Klimaschutz NRW", Städtebauförderung und Wohnungsbauförderung?

- [04] Gibt es für das lokale Förderprogramm einen Katalog mit Gebäudetypen und den dazu passenden typischen Sanierungsschritten?

- [05] Ist der Sanierungsmanager vor Ort vernetzt? Genießt er Vertrauen?

- [06] Gibt es kostenlose Energieberatungen für alle Einwohner?

- [07] Gibt es Energieberater vor Ort im Quartier?

- [08] Entwickeln die Sanierungsmanager quartiersbezogene Kampagnen?

- [09] Wird das Thema Barrierefreiheit mit der energetischen Sanierung verknüpft?

- [10] Wird die Angst der Mieter vor Mieterhöhungen angemessen aufgefangen?

5 JAHRE »Energetische Stadtsanierung«

In der Ausstellung „Fünf Jahre energetische Stadtsanierung" präsentieren das Bundesministerium für Umwelt, Naturschutz, Bau und Reaktorsicherheit und das Bundesinstitut für Bau-, Stadt- und Raumforschung (BBSR) Erfahrungen, Handlungs- empfehlungen und Praxisbeispiele aus ganz Deutschland für gelungene Stadtsanierungsprojekte seit dem Start des KfW- Programms 432 im Jahr 2011. Bielefeld-Sennestadt war 2016 die erste Station dieser Wanderausstellung.

www.energetische-stadtsanierung.info

Fragen des Tages beantwortet

Welche Ziele verfolgt die KfW mit dem Förderprogramm „Energetische Stadtsanierung"?

Das Ziel ist, die Energieeffizienz im jeweiligen Quartier zu erhöhen. In diesem Sinne werden die Erstellung eines Quartierskonzepts und das Sanierungsmanagement gefördert.

Welche Maßnahmen versprechen das größte CO_2-Einsparungspotenzial?

Maßnahmen, die die Wohnobjekte im Quartier sinnvoll miteinander verknüpfen – z. B. durch Wärme und Stromspeicher – und die Mobilität im Quartier einbeziehen.

Wie werden Eigentümergemeinschaften aktiviert, um gemeinsam zu sanieren?

Über den Wunsch, etwas für die Qualität der Wohnlage zu tun. Über eine externe und glaubwürdige Bestandsaufnahme der Vor- und Nachteile des Objektes.

Welchen Beitrag können Wohnungsunternehmen leisten?

Sie können Mieter beruhigen, die Angst vor Mieterhöhungen haben; Kommunikationsprozesse organisieren; sparsames Heizverhalten fördern; in den Werterhalt ihrer Häuser investieren.

Was ist aus dem Stadtlabor Sennestadt in die Stadt Bielefeld und in andere Städte Deutschlands übertragbar?

Die Rolle einer unternehmerisch handelnden Transfergesellsc haft > siehe S. 117. Die hohe Wertschätzung für den Charakter des Quartiers. Die Kultur der Vernetzung und Kooperation.

PROZESSE ENTWICKELN

110   Utopien realisieren – Welche Prozesse sind entscheidend?
Fachtagung des Netzwerks Energie Impuls OWL und der KlimaExpo.NRW

112   Ergebnisse des Tages
> Utopien, Leuchttürme, Treiber
> Utopien sind für alle da (Wissenstransfer – Partizipative
  Stadtverwaltung – CO_2-neutrale Stadt – Mitmachbürger*innen)
> Transfergesellschaften
> Chancen und Grenzen autonomer Bürgerprojekte
> Das Regionale Innovationsnetzwerk RIN-OWL

119   Fragen des Tages, beantwortet

120   Ich wollte Menschen mit ihren kontroversen
Standpunkten zeigen
Fragen an die Kölner Filmemacherin Anna Ditges

122   Warum es hilft, die Bürger in Ruhe zu lassen
Interview mit Jörg Heynkes vom Klimaquartier Wuppertal-Arrenberg

124   Post-Oil City
Ausstellung über die Geschichte der Zukunft der Stadt

Utopien realisieren –
Welche Prozesse
sind entscheidend?

Das Netzwerk Energie Impuls OWL (Bielefeld) und die Initiative KlimaExpo.NRW der NRW-Landesregierung veranstalteten eine Fachtagung über Utopien und ihre Realisierung in Prozessen. Rund 50 Experten diskutierten über die CO_2-neutrale Stadt, Bürgerbeteiligung und gute Planungs- und Verwaltungsprozesse. Die Ergebnisse fließen in das Regionale Innovationsnetzwerk „Menschenzentrierte Umgebung für Leben, Wohnen, Arbeit" ein.

VERANSTALTER:
Energie Impuls OWL
KlimaExpo.NRW

EINFÜHRUNG UND ABSCHLUSS-STATEMENT:
Dr. Heinrich Dornbusch
KlimaExpo.NRW

Klaus Meyer
Energie Impuls OWL

IMPULSVORTRAG:
Anna Ditges
punktfilm

PODIUMSDISKUSSION MODERATORIN:
Martina Richwien
IFOK GmbH

TEILNEHMER:
Bernhard Neugebauer
Sennestadt GmbH

Jochen Stiebel
Bergische Gesellschaft für Ressourceneffizienz

Jörg Heynkes
Villa Media Wuppertal

Impulsvortrag:

--> „Wem gehört die Stadt? – Bürger in Bewegung"
Köln-Ehrenfeld: In ihrem Dokumentarfilm beobachtet die Kölner Filmemacherin Anna Ditges, was passiert, wenn Anwohner, Investoren, Politiker und Stadtplaner ihre ganz unterschiedlichen Vorstellungen von der Zukunft ihres Viertels unter einen Hut bringen müssen.

Prozesskompetenz-Navi mit vier Thementischen:

❶--> Wie verbinden wir wissenschaftliche Erkenntnisse und Forschungsprozesse mit der Lebensqualität im Quartier?
Utopie: Wissenschaft mit Bürgerpartizipation

❷--> Wie lassen wir die Utopie der CO_2-neutralen Stadt Wirklichkeit werden?
Utopie: Die CO_2-neutrale Stadt

❸--> Verwaltung als Kooperationsprojekt – Wie macht die Bürgerbeteiligung eine Verwaltung robust und effizient?
Utopie: Stadtverwaltung mit Bürgerbeteiligung

❹--> Bürger gestalten ihren Lebensraum – Welche neuen Instrumente ermöglichen eine Mieter- und Bewohnerbeteiligung?
Utopie: Bürgerengagement als stabilisierender Faktor in sich wandelnden Quartieren

Podiumsdiskussion:

--> Vorstellung und Diskussion der erarbeiteten Thesen der Thementische – Wer muss aktiv werden?

--> Abschluss-Statement

„Wir wollen diese Ideen über Netzwerke in die Industrie, in die Ministerien und in die Hochschulen tragen.“

Klaus Meyer

www.energie-impuls-owl.de

www.klimaexpo.nrw

01 Klaus Meyer und Dr. Heinrich Dornbusch eröffnen die Tagung

02 Filmemacherin Anna Ditges erzählt vom Kampf um das Kölner Helios-Gelände

03 Die Abschlussrunde mit Jochen Stiebel, Bernhard Neugebauer, Martina Richwien und Jörg Heynkes

Thementisch ❶
Wissenstransfer

MODERATORIN:
Dipl.-Ing. Heike Böhmer
IFB

TREIBER:
Jochen Stiebel
Bergische Gesellschaft
für Ressourceneffizienz

Thementisch ❷
CO$_2$-neutrale Stadt

MODERATOR:
Armin Jung
Jung Stadtkonzepte

TREIBER:
Marc Wübbenhorst
alberts.architekten BDA

Thementisch ❸
Partizipative Stadtverwaltung

MODERATORIN:
Anja Ritschel
Stadt Bielefeld

TREIBER:
Thorsten Försterling
alberts.architekten BDA

Thementisch ❹
Mitmachbürger*innen

MODERATORIN:
Martina Richwien
IFOK GmbH

TREIBER:
Jörg Heynkes
Villa Media Wuppertal

Klaus
Meyer

Utopien,
Leuchttürme,
Treiber

Utopien wie das CO_2-neutrale Quartier realisieren enorme Kräfte und stärken Innovationskeime in unserer Gesellschaft. Die Sennestadt bei Bielefeld war selbst schon einmal Utopie: 1956 realisierte der Stadtplaner Hans Bernhard Reichow dort seine Idee der organischen Stadtlandschaft. Heute entwickelt dieses Quartier als Ausgezeichnetes Projekt der KlimaExpo.NRW neue Maßstäbe für den städtischen Lebensraum der Zukunft. Dazu gehört als wesentliche Kompetenz, geeignete Prozesse zu gestalten.

„Utopien, große Ideen, haben meist einen Treiber, so wie die Sennestadt den Planer Hans Bernhard Reichow hatte. Und es gibt Leuchttürme. Wie viele gibt es im Land?" Das fragt Klaus Meyer, Geschäftsführer von Energie Impuls OWL.

Aus Sicht der KlimaExpo.NRW sind es etwa 200 Projekte, davon sind 24 ausgezeichnet, darunter Bielefeld-Sennestadt und Wuppertal-Arrenberg. So Dr. Heinrich Dornbusch, Vorsitzender Geschäftsführer der KlimaExpo.NRW, der auch eine klare Vision hat: „Die Stadt der Zukunft ist klimaneutral, und mit dem Stadtlabor Sennestadt zeigen wir, wie sie realisiert werden kann."

Utopien
sind für alle da

„Unsere Vorfahren haben ihre Utopien – zum Beispiel von der autogerechten Stadt – oft mit Bagger und Planierraupe vorangetrieben. Das war im Sinne der Menschen, wie sie glaubten. Heute sind wir vorsichtiger mit solchen Urteilen, fragen die Menschen, bevor wir etwas planen, und diskutieren alle Planungen mit ihnen. Das kostet allerdings Zeit und erfordert gute Nerven." So skizziert Gastgeber Bernhard Neugebauer die Problematik.

Mit dem Klimaschutz in die Breite gehen will Klaus Meyer: „Ingenieure sagen oft: Alle müssen sich qualifizieren, um die Technik nutzen zu können. Wir aber wollen umgekehrt die Maschinen qualifizieren, damit die Menschen in ihrem gewohnten Alltag das Klima schützen können. Dafür betrachten wir Prozesse und nicht nur Techniken."

Ein leibhaftiger Leuchtturm steht auf dem Heliosgelände in Köln-Ehrenfeld. Die Kölner Filmemacherin Anna Ditges erzählt dazu die spannende Geschichte ihres Films »Wem gehört die Stadt – Bürger in Bewegung«, der den Streit um die Zukunft dieser innerstädtischen Industriebrache dokumentiert. Dazu folgt ein kurzes Interview mit Anna Ditges. > Details auf Seite 120

Das Beispiel Köln-Ehrenfeld wirft die Frage auf: Wie schaffen wir es, auch Unter-30-Jährige in den Prozess des Stadtumbaus einzubeziehen? Meyer: „Meist sind da über 50-jährige Männer und verlängern ihre Vergangenheit in die Zukunft, weil sie die als erfolgreich empfinden." Ditges empfiehlt, möglichst viele Jugendliche persönlich anzusprechen und Kanäle wie Instagram zu nutzen.

www.klimaexpo.nrw/mitmachen

Heike Böhmer

Utopie
Wissenstransfer

Wie verbinden wir wissenschaftliche Erkenntnisse und Forschungsprozesse mit der Lebensqualität im Quartier? Die Diskussionsergebnisse zu dieser Frage fasst Heike Böhmer vom Institut für Bauforschung zusammen:

--> Die Anlässe für Wissenstransfer gehen vom reinen Wissensdrang bis zur akuten Notsituation (Beispiel Schlaganfall als Anreiz, sich medizinisch zu informieren).

--> Als Mittel kommen Wissenstransferstellen infrage, die leider in der Praxis nicht für alle offen sind, sowie Vereine und Verbände. Die Wissenschaftler könnten dort erfahren, was es aus Bürgersicht wert ist, erforscht zu werden.

--> Ist Lebensqualität messbar? Eher nicht, deshalb ist sie schwer zu erforschen. Die Luftqualitätssensoren, die am Tag der Energiekonzepte vorgestellt wurden, sind ein Beispiel dafür, wie es doch geht. *> siehe Seite 33*

--> Beim Austausch zwischen Wissenschaft und Bürgern gibt es eine Holschuld auf beiden Seiten. Böhmer: „Dabei helfen Zuhören, Transparenz und Zugänglichkeit, also die Klassiker der Kommunikation."

Utopie
CO$_2$-neutrale Stadt

Wie lassen wir die Utopie der CO$_2$-neutralen Stadt Wirklichkeit werden? Der Stadtplaner Armin Jung fasst die Ergebnisse zusammen:

--> Wer definiert die Klimaschutz-Ziele? Offenbar politische Gremien; aber Politiker brauchen dafür Vorgaben und Konzepte, die sie nicht selbst entwickeln.

--> Um solche Ziele verwirklichen zu können, sind viele Dinge nötig: Leidensdruck, Unsicherheit, ein gemeinsames Bild vom Ausweg, Methoden, Werkzeuge, Mut, Vorbilder, soziale Akzeptanz, Wirtschaftlichkeit, Techniken, ein rechtlicher Rahmen, Bildung und Wissen, Anreizsysteme.

--> Zwischen den Konzepten und den Methoden und Werkzeugen klafft oft das Loch der Umsetzung. Wer hat den Mut, über die Lücke zu springen, und entwickelt die Kunst, aus den Werkzeugen eine wirksame Strategie und Taktik herauszugreifen und auch einmal einen schlechten Weg zu verlassen? Jung: „Wir wollen denen, die es wagen, Mut machen."

--> Ist dazu immer ein Leidensdruck nötig? fragt Moderatorin Martina Richwien. Und wie entwickeln wir aus unterschiedlichem Leidensdruck etwas Gemeinsames, ein Allgemeingut? In dem Moment, wo Leute aktiv werden – aus Leidensdruck oder aus einem anderen Motiv –, muss man bereit stehen mit niedrigschwelligen Mitmach-Angeboten; so die Erfahrungen in Bielefeld-Sennestadt (Bernhard Neugebauer) und Wuppertal-Arrenberg (Jörg Heynkes).

Armin Jung

Utopie
Partizipative Stadtverwaltung

Die Verwaltung als Kooperationsprojekt: Wie macht die Bürgerbeteiligung eine Verwaltung robust und effizient? Bielefelds Umweltdezernentin Anja Ritschel resümiert die Ergebnisse:

--> Wer beteiligt sich bei der Bürgerbeteiligung? Dazu gehören oftmals »Berufsbürger«, »Wutbürger«, Leute mit Eigeninteressen und sog. NIMBYs mit dem Prinzip „Not in my backyard!". Das ist nicht repräsentativ für die ganze Einwohnerschaft.

--> Dennoch machen solche Prozesse die Entscheidung in der Regel robuster. Dabei hilft es, aus der Sicht „Ist das unsere Stadt oder eure?" herauszukommen zu einer Sicht: „Wir gemeinsam sind die Stadt."

--> Wichtig ist, welche Kommunikationskultur eine Verwaltung oder auch ein einzelnes Amt pflegt. Bürgerbeteiligung muss frühzeitig einsetzen und ein möglichst stetiger Prozess sein, der nicht nur unmittelbar Betroffene einbezieht. Ritschel: „Nur so können wir komplexe Projekte bewältigen."

Anja Ritschel

Martina Richwien

Utopie Mitmach-bürger*innen

Welche neuen Instrumente ermöglichen eine Mieter- und Bewohnerbeteiligung? Der Unternehmer Jörg Heynkes erzählt dazu die Geschichte des Klimaquartiers Wuppertal-Arrenberg > siehe Seite 122 Martina Richwien von der IFOK GmbH fasst die Ergebnisse zusammen:

--> Stadtverwaltungen schaffen es oft nicht, Bürger für Projekte zu aktivieren. Ein Beispiel war die Reaktivierung eines Quartierszentrums in der Sennestädter Südstadt. Was die Stadt dort angestoßen hatte, führte nicht automatisch dazu, dass die Eigentümer der Geschäfte dies später fortführten.

--> Heynkes provoziert mit der Intervention: „Machen Sie einfach nichts mehr dort! Jeder muss es zu seinem eigenen Projekt machen, sonst wird er nicht aktiv."

--> Gegenbeispiele sind Aktionen, bei denen Bürger ihre Lieblingsorte vorstellen oder neu erleben können, zum Beispiel Bäume im Stadtbild. Oder die Arrenberg-Farm, ein Garten- und Gemüseanbau-Projekt auf einer alten Bahnstrecke. Oder Spiele und Belohnungssysteme. Richwien: „Wie gibt man den Bürgern Verantwortung zurück? Viele erwarten Aktivitäten erst einmal von anderen."

Transfer-gesellschaften

Die Sennestadt GmbH, so Bernhard Neugebauer, hat sich erst zu einer Transfergesellschaft entwickelt, die vor allem Wandlungsprozesse vermittelt und die dafür nötigen Netzwerkverbindungen knüpft. Jochen Stiebel von der Wuppertaler Firma »Neue Effizienz« wirbt ebenfalls für den Einsatz einer intermediären Organisation, und zwar auf dem Feld des Wissenstransfers.

Dass unternehmerisches Denken dabei eine wichtige Rolle spielt, wurde deutlich in Wuppertal-Arrenberg: Das Projekt »Klimaquartier Arrenberg« entstand ursprünglich in einem Netzwerk lokal aktiver Unternehmer. Ähnlich in Sennestadt: Das dortige Projekt einer Klimaschutzsiedlung hat deshalb konkrete Formen angenommen, weil ein gemeinnütziges Unternehmen, die Sennestadt GmbH, eine Industriebrache erworben hat, um sie zu entwickeln. Die Erstellung des innovativen Siedlungskonzeptes soll sich durch die Vermarktung refinanzieren.

Chancen & Grenzen autonomer Bürgerprojekte

Projekte, die Utopien verwirklichen, können von den gewählten politischen Gremien, von Unternehmen oder von Bürgerinitiativen ausgehen. Welche davon die größeren Chancen haben, bleibt in der Diskussion umstritten.

Neugebauer äußert sich skeptisch zu Heynkes' Plädoyer, abzuwarten, bis Bürger selbst aktiv werden: „70 Prozent der Anwohner hier wollen eine Stadtbahn. Doch kaum einer von ihnen wird dafür auf die Straße gehen, weil man nicht glaubt, damit etwas bewirken zu können." Bei einem so großen Projekt erwarte man die Lösung vom Stadtrat, mit Hilfe von Fördermitteln von Land und Bund.

Stiebel lenkt den Blick auf kleinere Projekte: „Nehmt euch Dinge vor, die viele Leute tatsächlich haben wollen, etwa einen Radweg, einen schöneren Bahnhof, und regt einzelne Leute an, selber Hand anzulegen." Anja Ritschel ist skeptisch: „Das ist mir ein bisschen viel Friede, Freude, Eierkuchen." Sie erinnert daran, dass selbst bei solchen Projekten Interessenwidersprüche zwischen Bürgern bestehen können.

Wie solche Konflikte beispielhaft zu lösen seien, erzählt Stiebel: Die Wuppertaler Künstlergruppe Clownfisch habe den Konflikt um ihre Riesenpartys entschärft, indem sie die genervten Anwohner freundlich anspricht und ihnen konkrete Kompromisse anbietet.

Heinrich Dornbusch zieht das Fazit: „Wir wollen künftig mehr Mut machen, sich selber einzumischen, und gute Projekte so darstellen, dass sie zum Nachmachen einladen." Klaus Meyer ergänzt: „Wir wollen diese Ideen über Netzwerke in die Industrie, in die Ministerien und in die Hochschulen tragen."

Abschlussrunde mit Bernhard Neugebauer, Martina Richwien und Jörg Heynkes (v.l.)

Das Regionale RIN-OWL Innovationsnetzwerk

Eine „menschenzentrierte Umgebung für Leben, Wohnen, Arbeit" ist das Ziel des Regionalen Innovationsnetzwerks in OWL, das der Verein Energie Impuls OWL (mit Sitz in Bielefeld) in Kooperation mit dem Wissenschaftsministerium NRW organisiert. Es dreht den Gedanken des Wissenstransfers um: Die Wissenschaftler und Ingenieure sollen zur Abwechslung erst einmal zuhören, bevor sie die Bürgerinnen und Bürger mit neuen Techniken beglücken.

Das RIN trägt Impulse aus der Bürgergesellschaft in die wissenschaftlichen Fragestellungen hinein. Die Fragen und Wünsche der Bürger bilden einen Pool, aus dem konkrete Forschungs- und Entwicklungsaufträge entstehen.

Projektleiter Klaus Meyer:
„Nur mit transdisziplinärer Zusammenarbeit von Ingenieuren und Soziologen, Verwaltungen, alten und jungen Bewohnern, Energieunternehmen, Handwerk, Bürgerinitiativen schaffen wir die Lösungen, die am Ende auch im Konflikt bestehen können."

www.rin-owl.de

Fragen des Tages beantwortet

Wie lassen wir die Utopie der CO_2-neutralen Stadt Wirklichkeit werden?

Dazu gehören Leidensdruck, Unsicherheit, ein gemeinsames Bild vom Ausweg, Politiker, Fachleute, Konzepte, Methoden, Werkzeuge, Mut, Vorbilder, soziale Akzeptanz, Wirtschaftlichkeit, Techniken, ein rechtlicher Rahmen, Bildung und Wissen, Anreizsysteme.

Wie gehen Klimaschutz und Lebensqualität der Menschen zusammen?

Zum Beispiel durch alternative Heizsysteme, die die Geothermie nutzen und zugleich den Wohnkomfort erhöhen.

Was hindert viele Menschen daran, sich auf eine Utopie und auf Wandel einzulassen?

1. Das Gefühl: „Bei mir ist alles OK, ich brauche keinen Wandel."
2. Der Eindruck: „Die tun ja schon was. Dann brauche ich nichts zu tun."
3. Der Eindruck: „Die anderen tun auch nichts. Ich bin also in guter Gesellschaft."

Wann wollen Menschen Wandel?

1. Wenn eine Krise mit starkem Leidensdruck in ihr Leben eingreift.
2. Wenn eine viel beklagte Entwicklung plötzlich mitten in ihrem Lebensumfeld brutal zuschlägt.
3. Wenn der Wandel ihnen Vorteile verspricht.

Was wird aus einer Utopie, wenn wir sie in Prozessbausteine zerlegen?

Idealerweise ein Ereignis, bei dem man mitmachen will, weil es Spaß macht und man dort nette Leute kennen lernen kann.

Fragen an die Kölner
Filmemacherin Anna Ditges

»Ich wollte Menschen mit ihren kontroversen Standpunkten zeigen«

Wie sind Sie darauf gekommen, einen Film über das Heliosgelände in Köln-Ehrenfeld zu machen?

Es begann mit dem Einsturz des Kölner Stadtarchivs 2009. Oberbürgermeister Schramma sagte damals sinngemäß: „Die Stadt ist zu komplex, als dass ein einzelner verantwortlich für diese Katastrophe sein könnte." Das regte mich an, zu Stadtplanung zu recherchieren. Im September 2010 kam die Meldung, eine Shopping-Mall in Ehrenfeld sei geplant, auf dem alten Helios-Areal. 40.000 m² Industriebrache mit der berühmten Diskothek Underground und vielen Werkstätten sollten dafür weichen.

Wie haben Sie das Thema angepackt?

Zunächst bin ich mit der Kamera zur großen Bürgerfragestunde mit dem Investor gegangen. Da äußerte sich zum Beispiel die Angst der vielen Einzelhändler. Die Bürgerinitiative trat erstmals auf. Die Bürger erfuhren, dass sie schon durch kritisches Auftreten mehr Partizipation durchsetzen konnten, und viele arbeiteten sich als Laien in das Thema Stadtplanung ein. Ich bin vielen Menschen mit der Kamera gefolgt, ohne vorher zu wissen, wer später wichtig werden würde.
Ich wollte Menschen mit ihren kontroversen Standpunkten zeigen.

Auch die Befürworter der Shopping-Mall?

Der Film folgt nicht dem Schema: hier die Guten, da die Bösen. Auch Vertreter der Stadt und der Investor kommen zu Wort. Der Investor warf den opponierenden Bürgern Eigennutz vor, und diese ihm. Die Vertreter der Stadt schmunzelten oft über die Naivität der Bürger. Mal war ich beim Investor zu Hause, dann bei der Schreinerin, deren Werkstatt vom Abriss bedroht war. Jeder wird an seinem Platz gezeigt. Ich wollte verstehen, wie die Leute wurden, was sie waren. Das bedeutete für mich auch eine Zerreißprobe und einen inneren Konflikt.

Wie ging die Sache aus?

Plötzlich tauchte die neue Idee einer Inklusiven Universitätsschule auf, wahrscheinlich vom Schuldezernat an die Zeitung lanciert. Das ist die Wendung in der Mitte des Films. Viele Bürger sprangen sofort auf den neuen Zug auf. Die Bürgerinitiative hat zwar die Shopping-Mall verhindert, aber die kleinen Handwerker auf dem Gelände verloren trotzdem ihre Werkstätten.

Welche Rolle spielten Utopien in dem Streit?

Es wurden zwar allerlei Ideen entwickelt, aber viele trauten sich nicht, weitreichende Vorstellung zu äußern – auch der Investor nicht.
Viele Bürger waren schon stolz, überhaupt ein großes Projekt verhindert zu haben.

Was ist aus den Bürgern geworden, die sich qualifiziert haben?

Einige sind danach tatsächlich in die Lokalpolitik gegangen.

Was ist das wichtigste, das Sie daraus gelernt haben?

Demokratie bedeutet nicht Chancengleichheit. Die Menschen haben sehr unterschiedliche Voraussetzungen, sich in solche Prozesse einzubringen. Migranten und Jugendliche blieben praktisch außen vor. Daraus entstand ein neues Filmprojekt: „Mein Ehrenfeld – Unsere Zukunft". 16 Jugendliche drehten selbst eigene Kurzfilme über Heimat und Stadtplanung aus ihrer Sicht.

www.punktfilm.com

www. wemgehoertdiestadt-derfilm.de

www.buergerinitiative-helios.de

Anna Ditges ist Autorin und Regisseurin und führt die Produktionsfirma punktfilm Anna Ditges in Köln. 2014/15 drehte sie den Film »WEM GEHÖRT DIE STADT – Bürger in Bewegung«.

Warum es hilft,
die Bürger in
Ruhe zu lassen

Jörg Heynkes hat das Klimaquartier
Wuppertal-Arrenberg mitinitiiert.
Ein Interview über seine Erfahrungen

**Sie plädieren dafür, die Bürger in Ruhe zu lassen mit Projekten,
die sie nicht interessieren. Wie meinen Sie das?**

Vertrauen Sie darauf: Wenn die Verwalter weg sind, ergreifen andere die Initiative. Denn wo schon Leute aktiv sind, vor allem solche aus Behörden, sagen andere: „Gut, da muss ich nichts mehr tun." Die Bürger engagieren sich nur dann, wenn es ihr Projekt ist. Nicht das der Stadtverwaltung. Als wir 2014 mit dem Projekt „Klimaquartier Arrenberg" begonnen haben, mussten wir lernen, wie wichtig es ist, ein solches Projekt klein zu machen.

Wir sollen so ein großes Projekt also gar nicht erst anfangen?

Doch, aber Sie müssen es in kleine Häppchen aufteilen.
So dass die Menschen diesen auf Augenhöhe begegnen können.
Ohne Barrieren. Außerdem sollten Sie darauf achten, dass das Aktiv-werden
Spaß macht, dass man dabei Freunde findet und nebenher die Welt rettet.
Deshalb haben wir am Arrenberg gelernt, das große Ziel runterzubrechen
auf Teilprojekte wie den »Essbaren Arrenberg« oder den »Restaurant Day«.
Dort haben uns die Leute gefragt: „Was macht ihr da?" – Ein Klimaquartier. –
„Warum macht ihr das?" – Wir wollen die Welt retten. – „Die Welt retten? Cool."
– Ja, und du kannst dabei mithelfen, übermorgen von 17 bis 19 Uhr. –
„Zwei Stunden? OK, das ist machbar."

Restaurant Day? Was ist das?
Da laden Firmen und Privatleute ihre Nachbarn zum Essen ein.
Man kocht etwas Biologisches, Regionales usw. und kommt ins Gespräch.

Das klingt so nach Friede, Freude, Eierkuchen.
Wo bleiben die Konflikte?
Die waren für alle unübersehbar. Wuppertal hat vor zehn Jahren damit ange-
fangen, sich aus der totalen Pleite und Krise herauszubewegen. Die Krise war
die Initialzündung. Es geht nicht ohne Not und nicht ohne Spaß. Inzwischen
gibt es am Arrenberg eine Warteliste von 70 Familien, die zuziehen wollen.
Nach fast zehn Jahren Vorarbeit hat sich das Klimaquartier als übergreifende
Klammer und Gesamtutopie für alle Einzelaktionen etabliert.

Welche Utopien haben die Menschen in Ihrem Viertel?
Das hat die Künstlergruppe Clownfisch in ihrem Filmprojekt »Mensch:Utopia«[2]
gezeigt: Vor der Kamera haben 60-70 Leute aus allen Schichten ihre persön-
liche Utopie für Wuppertal erzählt. Das sind oft ganz konkrete Dinge: Wie eine
Haltestelle aussehen soll, wie eine Hausgemeinschaft funktionieren soll.
Es ist wichtig, Menschen und ihre Geschichten zu zeigen.

[2] youtu.be/D3k41_2x4fk

www.klimaquartier-arrenberg.de

Wo geht's hin?

--> Wissenstransfer und Quartiersentwicklung profitieren von intermediären Organisationen,
die sich auf die Gestaltung von Prozessen spezialisiert haben.

--> Bürger werden oft eher dann eigenverantwortlich aktiv, wenn ihnen keine Verwaltung
etwas Fertiges vorsetzt.

--> Komplexe Prozesse sind nur partizipativ zu organisieren, sonst haben die Beschlüsse
und Lösungen keinen Bestand.

--> Wissenstransfer muss im 21. Jahrhundert auch umgekehrt gehen:
Die Bürger vergeben Forschungsaufträge an die Wissenschaftler.

Buchtipp:
Städte für
Menschen

Autor: Jan Gehl
Verlag: Jovis Verlag

Buchtipp:
StadtLust -
Die Quellen urbaner
Lebensqualität

Verlag: Oekom Verlag

POST-OIL CITY

Die Geschichte der Zukunft der Stadt

VERANSTALTER:
Sennestadt GmbH
KlimaWoche Bielefeld e.V.

Die international konzipierte Ausstellung wurde vom Institut für Auslandsbeziehungen und der Zeitschrift ARCH+ erstellt. Sie präsentiert innovative Konzepte einer zukunftsorientierten Stadtplanung, darunter die Ökostadt Masdar City in Abu Dhabi (Norman Foster), die radial-konzentrische Stadt Curitíba (IPPUC, Jaime Lerner) und High Line, ein kilometerlanges Urban-Gardening-Projekt auf einer alten Hochbahntrasse in New York (James Corner u. a.). Berlin ist mit dem Energie-Inkubator Tempelhof (CHORA u. a.) vertreten. Überall geht es darum, sich von der Abhängigkeit vom Rohstoff Öl zu lösen und eine klimaschonende Wende im Denken der Architekten, Stadt- und Verkehrsplaner einzuleiten, eine Wende, die auch gesellschaftliche Veränderungen integriert. Manche dieser Konzepte knüpfen direkt an Utopien der architektonischen Moderne an – wie etwa die Schirmkonstruktionen von Frei Otto. Historische Referenzen zeigen, wie deren visionäres Potential sich heute fortschreiben lässt und vielfach bereits Gedanken heutiger Zukunftsprojekte vorwegnahm. Solche Parallelen fanden die Besucher auch gleich nebenan – in der gebauten Utopie Sennestadt. Bezirksbürgermeister Lars Nockemann sagte zur Ausstellungseröffnung im September 2016: „Dass ein gefährlich rascher Klimawandel die Welt bedroht, so wie wir sie kennen, ist seit rund 30 Jahren allgemein bekannt. Auch der Rat der Stadt Bielefeld hat auf diese Herausforderung reagiert

und im Jahr 2008 verbindliche Klimaziele beschlossen: Bis 2020 wollen wir den Kohlendioxid-Ausstoß der Stadt um 40 Prozent reduzieren und mindestens 20 Prozent der Energie, die wir verbrauchen, aus erneuerbaren Quellen beziehen. Diese Vision taucht auch im Titel einer der drei Ausstellungen auf: die Post-Oil City, die Stadt für die Zeit nach dem Öl. Wer sich der Zukunft unserer Kinder und Enkel verpflichtet fühlt, kann nicht so tun, als ob Öl und Kohle und Gas endlos vorhanden wären und wir einfach immer so weiter machen könnten mit dem Verbrennen fossiler Brennstoffe. Ein Strategiewechsel ist nötig. Deshalb haben sich Architekten überall in der Welt Gedanken gemacht, wie man Städte bauen kann, die kein CO_2 mehr ausstoßen. Wovon uns diese internationale Ausstellung einiges erzählt. Auch die Sennestadt soll eine Post-Oil City werden, ein CO_2-neutraler Stadtteil. Das ist unser Ziel hier für die nächsten zwei Jahrzehnte, und so wollen wir Sennestädter die Stadt Bielefeld beim Erreichen ihrer Klimaziele unterstützen. Wir wollen auch auf diesem wichtigen Zukunftsfeld vorne in der Tabelle stehen, als Modellstadt, und so der Tradition der Sennestadt treu bleiben."

Zwei Projektbeispiele aus der Ausstellung:

Alte Hochbahn in New York auf dem Weg zum Urban Gardening

Dubailand, Dubai

Hügellandschaft
55 % : 45 %

Rampe
60 % : 40 %

Überflug
100 % : 10 %

Schatten spenden
kompakte urbane Form

Lüftung durch kühlende Winde
gebaute Bänder erzeugen Windkanäle für Kühlung

Existierende Feuchtigkeit nutzen
Bänder positionieren sich um vorhandene Wasserstellen

HIGH LINE

Auf einer alten Hochbahntrasse für den Güterverkehr in New York, die bereits von alleine zur innerstädtischen Wildnis geworden war, konzipierten
James Corner u. a. ein über 3 km langes Urban-
Gardening-Projekt. Dazu gehören eine »Hügellandschaft« mit Bäumen, unterschiedlich bepflanzte
Rampen für Auf- und Abgänge und eine „Überflug"
genannte Rampe, die in die Krone eines Baumes
hinaufführt.

XERITOWN

Beim Stadtbauprojekt »Xeritown« für Dubai haben
SMAQ – architecture urbanism research (Berlin)
mit X-Architects (Dubai) sog. vernakuläre Prinzipi-
en umgesetzt: Das sind traditionelle Baustoffe und
Bauformen der an das Wüstenklima angepassten
alten Dörfer. Sie sollen bewirken, dass knappe
Wasserressourcen optimal genutzt werden und
der Seewind so gelenkt wird, dass er die Straßen
optimal abkühlt.

Die Ausstellung bleibt in der Sennestadt

Die ungewöhnliche Ausstellung wurde ursprünglich
vom Institut für Auslandsbeziehungen (IfA) in München
veranstaltet. Sennestadt GmbH und IfA haben sich
geeinigt, dass die Exponate bis auf weiteres in Bielefeld-
Sennestadt verbleiben können. Sie sind auf Anfrage
weiterhin dem Publikum im Sennestadtpavillon zugänglich.

DER KATALOG
(ARCH+ Sonderdruck,
136 Seiten, 23,5 x 29,5 cm)
ist für **19 €** bei der Sennestadt GmbH sowie in der
Buchhandlung Mondo in
Bielefeld erhältlich.
www.sennestadt-gmbh.de
www.mondo-bielefeld.de

ifa Institut für
Auslandsbeziehungen

IDENTITÄT SCHAFFEN

128   Reichows »organischer Städtebau« im 21. Jahrhundert
Fachtagung und Stadtführung am Tag des offenen Denkmals 2016

130   »Transfer der Nachkriegsmoderne«
Fachtagung der Hans-Bernhard-Reichow-Gesellschaft e.V.
> Limesstadt | Bad Schwalbach
> Parkwohnanlage West | Nürnberg
> Siedlung Hohnerkamp und Gartenstadt Farmsen | Hamburg
> Sennestadt | Bielefeld
> Denkmalschutz contra Klimaschutz?
> Merkmale und Lehren

137   Fragen des Tages, beantwortet

138   Ein Stadtorganismus vor dem Höhenzug
des Teutoburger Waldes
Interview mit dem Architekten und Zeitzeugen
Peter Holst (*1923)

140   Sennestadt hat das Potenzial einer inklusiven Stadt
Fragen an Marc Wübbenhorst

142   Farben der Sennestadt
Eine Ausstellung präsentiert vom Farbenhersteller Brillux
und der Hans-Ehrenberg-Schule

144   Willkommen im grünen Bereich
Stadtführung mit Marc Wübbenhorst

Reichows
»organischer Städtebau«
im 21. Jahrhundert

Sennestadtverein

Hans-Bernhard-
Reichow-Gesellschaft e.V.

Am Tag des offenen Denkmals 2016 veranstalteten der Sennestadtverein und die Hans-Bernhard-Reichow-Gesellschaft eine Stadtführung durch die Sennestadt und eine Fachtagung zum Thema »Transfer der Nachkriegsmoderne«.

VERANSTALTER:
Sennestadtverein
Hans-Bernhard-Reichow-
Gesellschaft (HBRG)

TEILNEHMER:
Dr. Sabine Brinitzer
Stv. Vorsitzende der
Hans-Bernhard-Reichow-
Gesellschaft e. V., für die
Limesstadt in Schwalbach
(Taunus)

Ralf Schekira
Technischer Geschäfts-
führer der wbg Nürnberg
GmbH, für die Parkwohn-
anlage Nürnberg-West

Andreas Potthoff
Amt für Denkmalschutz
Hamburg, für die Garten-
stadt Farmsen und die
Siedlung Hohnerkamp in
Hamburg

Bernhard Neugebauer
Geschäftsführer der
Sennestadt GmbH, für die
Sennestadt

MODERATOR:
Armin Jung
Stadtplaner DASL,
Jung Stadtkonzepte, Köln

HANS
BERNHARD
REICHOW
Architekt und Stadtplaner
1899 – 1974

Bekannt wurde Reichow als Vordenker einer „organischen Stadtbaukunst" und der „autogerechten Stadt". Mit der Sennestadt schuf er eine eindrucksvolle Inkarnation des Aufbruchsgeistes der 1950er Jahre.

Die Hans-Bernhard-Reichow-Gesellschaft
hat das Ziel, das geistige Erbe des Architekten und Stadtplaners Hans Bernhard
Reichow zu bewahren. Sie gestaltet Ausstellungen und Vorträge über das Werk von
Reichow, Führungen durch seine architektonischen und städtebaulichen Planungen,
gibt Publikationen heraus, berät und fördert
die wissenschaftliche Forschung, unter-
richtet die Öffentlichkeit und kooperiert mit
öffentlichen und privaten Organisationen
mit ähnlichen oder gleichen Aufgaben.
Ein wichtiger Ansatz ist die Zusammenarbeit aller "Reichow-Städte". Gegründet
wurde sie 2009 von PD Dr. Sabine Brinitzer,
Architekten, Stadtplanern, Architekturhisto-
rikern und Bürgermeisterin Christiane
Augsburger in Schwalbach am Taunus.

Der neue Vorstand, v. l.:
Beatrix Hoffmann (Schatzmeisterin),
Marc Wübbenhorst (1. Vorsitzender),
Dr. Sabine Brinitzer (2. Vorsitzende),
vor dem neuen Vereinssitz, dem
Sennestadthaus in Bielefeld-
Sennestadt

STADTFÜHRUNG
„Gemeinsam Denkmale erhalten"
Veranstalter: Sennestadtverein

Marc Wübbenhorst, stellvertretender
kommissarischer Leiter des Sennestadtvereins, präsentiert auf einem ca. 2 km
langen Rundgang den historischen Stadtkern der Sennestadt mit der typischen
Architektur Hans Bernhard Reichows und
seiner Zeit, einige stadtplanerische Besonderheiten der Sennestadt und das aktuelle
Sanierungsprojekt »Farben der Sennestadt«.

www.hans-bernhard-reichow-
gesellschaft.de

»Transfer der Nachkriegsmoderne«

01 Sabine Brinitzer, Peter Holst
und Detlev Reichow
02 Die Moderatoren: Armin Jung
und Marc Wübbenhorst

Welche Rolle kann Hans Bernhard Reichows organischer Städtebau im 21. Jahrhundert spielen?

Auf der Fachtagung Denkmalschutz der Hans-Bernhard-Reichow-Gesellschaft diskutierten Architekten, Stadtplaner, Denkmalschützer und andere Vertreter der vier »Reichow-Städte« Limesstadt (Bad Schwalbach), Nürnberg-West, Hamburg (Hohnerkamp, Gartenstadt Farmsen) und Sennestadt Fragen wie:

--> Wie geht der Denkmalschutz mit der Architektur der Nachkriegszeit um?

--> Welchen Einfluss hat die Stadtgestaltung auf das Alltagsleben heutiger Bewohner?

--> Wie verträgt sich die energetische Sanierung mit der historischen Bausubstanz der Nachkriegsmoderne?

Das Podium (v.l.) mit
Bernhard Neugebauer (Bielefeld),
Ralf Schekira (Nürnberg),
Andreas Potthoff (Hamburg),
Sabine Brinitzer (Schwalbach)

Limesstadt | Bad Schwalbach

Bildergalerie auf:
bit.ly/schwalbach-limesstadt

Dr. Sabine Brinitzer stellt die „Wohnstadt Limes" in Bad Schwalbach bei Frankfurt/Main vor. Sie liegt vor dem Taunus wie die Sennestadt vor dem Teutoburger Wald. Das Gelände nordwestlich von Schwalbach gab durch seine Topographie die Form der Limesstadt vor. Nachdem die Wohnungsbau-gesellschaft Nassauische Heimstätte dieses Areal 1958 gekauft hatte, wurde 1959 ein Wettbewerb ausgeschrieben, den Hans Bernhard Reichow mit seinem Entwurf gewann. 1962 begann der Bau der Wohnstadt Limes.

Der Geländerücken bildet die Mittelachse der Sied-lung, auf der Reichow die Hochhäuser aufreihte und die öffentlichen Einrichtungen einplante. Eine große Ringstraße mit abzweigenden Wohnstraßen dient der Erschließung. Es sind eigene Wege jeweils für Fußgänger und für Autofahrer vorhanden; letz-tere weisen keine Kreuzungen auf. Das Gelände fällt Richtung Altstadt ab. Die Hochhäuser sind architektonisch aufgefächert, mit der Hauptfassade nach Südwesten orientiert und bilden neben den Hochhäusern von Frankfurt eine eigene, individuel-le Stadtsilhouette.

Dr. Sabine Brinitzer präsentiert die Limesstadt Schwalbach

Reichow beabsichtigte, die Stockwerke als hori-zontale Bänder in verschiedenen Farben streichen lassen, das Farbkonzept wurde jedoch später ge-ändert. Die innere Einteilung der Wohnbauten weist keine Spiegelgrundrisse auf, damit die Loggien oder Balkone nicht direkt nebeneinanderliegen.

Aktuelle Probleme sind die Überalterung der Ein-wohnerschaft, die anstehende Außensanierung der Mehrfamilienhäuser und der Leerstand in den Ladenlokalen der Nebenzentren. 2010 wurde mit TU-Studierenden aus Kaiserslautern ein Workshop zur Umplanung eines Ladenzentrums und zur Neu-bebauung seines Grundstückes veranstaltet. Viele Nachbarn beteiligten sich daran und wollten, dass zumindest der Kiosk erhalten bleibt. Die weiteren Zukunftspläne sahen Reihenhäuser mit einem

Kopfbau als Café sowie ein Hochhaus für Senioren mit Seniorentreff vor.

Um einen S-Bahnhof zu integrieren, wurde die Stadt-mitte der Limesstadt anders gebaut, als Reichow dies vorgesehen hatte. Die Regionalplanung schrieb eine dichte Wohnbebauung im Umfeld des Bahn-hofs vor. Deshalb wurde um 1969 erneut ein Wett-bewerb ausgeschrieben. Nach dem Sieger-Entwurf von Friedrich Spengelin wurden mehrere Wohnhoch-hochhäuser um das neue Zentrum gebaut, die wegen ihrer schwarzen Farbgebung im Volksmund „Schwarze Riesen" genannt wurden, sich heute aber in hellen Farben präsentieren.

Daneben entstand ein neuer Rathauskomplex, der sich vom oberen zum unteren Marktplatz erstreckt und ein unterirdisches Parkhaus enthält. Das Gelände nach Alt-Schwalbach hin wurde in den 1980er Jahren nach Plänen von Albert Speer jr. bebaut. Die Gestaltung des Zentrums ist noch im-mer nicht abgeschlossen und verlangt nach einem attraktiven städtebaulichen Entwurf, der heutigen Ansprüchen genügt und zugleich Reichows Kon-zept berücksichtigt.

Parkwohnanlage West | Nürnberg

Ralf Schekira stellt die in den 1960er Jahren gebaute Anlage mit ihren aktuellen Herausforderungen vor. Sie hat 1200 Wohneinheiten und ist Bestandteil des Stadtteils Sündersbühl. Es gibt drei Hochhäuser, geschwungenen Linien von Mehrfamilienhäusern, eine Carl-von-Ossietzky-Schule. Rund 400 meist kleinere Wohnungen befinden sich in den Hochhäusern, rund 800 meist größere in Mehrfamilienhäusern. Diese haben keine Satteldächer, sondern Pultdächer mit Versprung.

Reichow plante 1962 bewusst gegen den Verkehrslärm der äußeren Ringstraße an und entwarf einen grünen Lärmschutzwall. Das Straßennetz hat die bei Reichow übliche kreuzungsfreie Form mit den gebogenen Einmündungen und den separaten Fußwegen. 1982 wurde die Siedlung ans Fernwärmenetz angeschlossen.

Ab 2006 gerieten Sanierungspläne in Konflikt mit dem Denkmalschutz. Man erwog die Aufstockung der Mehrfamilienhäuser. In der Bernadottestraße verschwanden bei einem ersten Umbau wegen der Wärmedämmung der Fassade die filigranen Betonstützen der Balkone. Der Versprung im Pultdach verschwand durch die Aufstockungen. Das Amt für Denkmalschutz erließ einen Ensembleschutz, um diese Entwicklung zu steuern. Als Kompromiss wurde eine Aufstockungs- und Modernisierungs-

Ralf Schekira: Es gab Konflikte zwischen Denkmalschutz und Aufstockung.

planung erstellt, die neue Pultdächer und zum Teil Anbauten für Aufzüge vorsah.

Das Quartierskonzept von 2014 sieht eine Basismodernisierung bei 7 Blöcken vor. Bei 12 Blöcken wird energetisch modernisiert und aufgestockt; 9 weitere Blöcke werden außerdem umgebaut. Daraus ergibt sich insgesamt eine gute Energiebilanz für das Quartier. Allerdings sehen die Mieter die energetische Modernisierung zum Teil kritisch, weil sie befürchten, dass Mieterhöhungen nicht durch Einsparungen beim Verbrauch wettgemacht werden.

Modernisierungskonzept – Kurzlink:
bit.ly/nuernberg-west

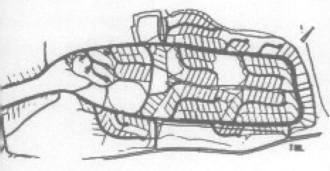

Ein großes Problem ist der extreme Parkdruck; die Bewohner nutzen offensichtlich Busse und U-Bahn zu wenig, weshalb Parkdecks an den Enden der Straßen gebaut werden müssen. Die Grünzüge mit den Fußwegen sind wiederum sehr beliebt.

Siedlung Hohnerkamp und Gartenstadt Farmsen | Hamburg

Andreas Potthoff skizziert die bewegte Geschichte der beiden Siedlungen. Hohnerkamp wurde 1953/54 von der Neuen Heimat geplant. 1974-86 sollten die Gebäude einzeln privatisiert werden, was aber kaum gelang. Danach hat die Stadt Hamburg die Siedlung gekauft.

Die Gartenstadt Farmsen wurde 1953/54 geplant und hat keine Mischbebauung wie bei den anderen Reichow-Städten, sondern nur dreistöckige Mehrfamilienhäuser und zweigeschossige Reihenhäuser. Die Häuser begannen in den letzten Jahren des Neue-Heimat-Konzerns zu verfallen und sollten im Zuge der Abwicklung des Konzerns an Investoren verkauft werden. Eine Mieterinitiative gründete sich und setzte sich für die Rettung des Quartiers ein. 1985 wurde eine Mietergenossenschaft gegründet, wobei der Denkmalschutz sofort beteiligt war.

Durch Wärmedämmung wurden die Dächer dicker, es verschwanden die Reichow-typischen „messerscharfen Dachüberstände". Das Parkplatzproblem ist groß. Außer zusätzlichen Parkplätzen müssen Müllcontainer und Fahrradgaragen in die Sitzung eingepasst werden, wodurch Freiräume zwischen den Häusern verloren gehen.

Andreas Potthoff präsentiert Siedlung Hohnerkamp und Gartenstadt Farmsen in Hamburg

Bildergalerie Hohnerkamp – Kurzlink:
bit.ly/hamburg-hohnerkamp

Geschichtspfad Farmsen – Kurzlink:
bit.ly/farmsen-geschichte

Gartenstadt Farmsen:
www.mgf-farmsen.de

Sennestadt | Bielefeld

Bernhard Neugebauer skizziert die Perspektive für Reichows größtes Projekt. Mit dem Stadtumbau begann 2008 ein Prozess, um die Sennestadt fit für die Zukunft zu machen. Auslöser waren die Überalterung der Bevölkerung, hohe Arbeitslosigkeit, hoher Migrantenanteil und niedrige Kaufkraft.

Wichtigste Perspektive der einstigen Modellstadt ist die Anbindung an die Stadtbahn und die Verbindung der Nord- und Südstadt durch den Rückbau der vierspurigen Paderborner Straße.

Die Sennestadt GmbH hat eine zentrale Industriebrache an dieser Straße gekauft, um dort ein Signal für neue Kundengruppen zu setzten. Mit dem Büro Jung Stadtkonzepte wird eine Klimaschutzsiedlung mit innovativem Energiekonzept und hohen Gebäudestandards bis hin zu Plus-Energie-Häusern geplant.

Im Altbestand koordiniert die Gesellschaft die Energetische Stadtsanierung. Die vom Büro Jung Stadtkonzepte erarbeiteten Maßnahmen des Konzepts „Vitamine für das Wirtschaftswunder" werden vom Sanierungsmanagement umgesetzt und partizipativ von der Stadtverwaltung und den Stadtwerken begleitet. Die Projekte „Zukunft des Reihenhauses" und „Zukunft der Hochhäuser" versuchen, die verbleibende Lebenserwartung der Gebäude nachhaltig zu verlängern. Was würde wohl sonst aus der Sennestadt, wenn der Abrissbagger kommen müsste?

Die Sennestadt GmbH befindet sich als Transfergesellschaft auf einer Gratwanderung zwischen vielen teils konkurrierenden, teils kooperierenden Akteuren. Hier gilt es, weiter den Weg zu verfolgen, um Klimaschutz- und Stadtentwicklungsziele zusammenzuführen.

Bernhard Neugebauer präsentiert die Sennestadt

Ein typisches Sennestädter Hochhaus

Download des Konzepts
„Vitamine für das Wirtschaftswunder:
www.sennestadt-gmbh.de/
energetische-stadtsanierung.html

Bildergalerie Sennestadt – Kurzlink:
bit.ly/sennestadttour

Denkmalschutz contra Klimaschutz?

Die Berichte aus den vier Reichow-Städten weisen auf Konflikte zwischen Denkmalschutz und Klimaschutz hin. So verändert sich oft durch den Einbau einer Wärmedämmung die Form der Fassaden und der Dächer.

Der Denkmalschutz muss Kompromisse mit dem Klimaschutz finden, sagt Andreas Potthoff. Ein Mittel kann sein, den Denkmalschutz als positive Gestaltungsidee über Musterbeispiele den Eigentümern nahe zu legen. Ein gutes Beispiel dafür ist das Projekt »Farben der Sennestadt«. Dort liefert die von der energetischen Sanierung initiierte Erneuerung vieler Fassaden den Anlass, das ursprüngliche Farbkonzept der Sennestadt wiederherzustellen. *> siehe Seite 142*

Da viele Denkmalschützer die Wärmedämmung berufsbedingt kritisch sehen, stellen sie auch kritische Fragen an die Effektivität dieser Maßnahmen. Dabei stoßen sie auf die *auf Seite 34* erwähnten Prebound- und Rebound-Effekte: Energetische Sanierungen bringen oft weniger für den Klimaschutz als zuvor geplant, weil der reale Energieverbrauch vor der Maßnahme oft niedriger war als errechnet (die Mieter hatten sparsamer geheizt)[1], und nachher oft höher als gedacht (weil sie danach weniger sparsam heizen).

Das wurde z. B. in Bielefeld und Nürnberg festgestellt sowie in einer Studie aus Cambridge, die 100 Wärmedämmungs-Projekte in Deutschland untersucht hat.

Buchtipp:

Planungsleitfaden »100 Klimaschutz-siedlungen in NRW«

EnergieAgentur.NRW

Download der Broschüre:
bit.ly/leitfaden-klimaschutz-siedlungen

[1] Dieser Effekt wird genauer Prebound-Effekt genannt.
Dazu Minna Sunikka-Blank und Ray Galvin:
Der Prebound-Effekt: die Schere zwischen errechnetem und tatsächlichem Energieverbrauch.
Online: www.euco2.eu/resources/Prebound-Deutsch.pdf

Merkmale & Lehren

In der Diskussion resümieren Armin Jung, Sabine Brinitzer und andere Teilnehmer gemeinsame Merkmale und Lehren der vier Städte.

Merkmale sind:

--> die fußläufig erreichbaren Nebenzentren,

--> öffentliche Einrichtungen am Rande der Grünzüge,

--> die Ausrichtung der Wohnungen nach der Sonne (nach Südwesten),

--> die gute Aussicht in Grünanlagen,

--> die Intimität der Loggien,

--> gestaltete Räume im Zentrum mit freiem Fußgängerfluss.

Sabine Brinitzer Armin Jung

Detlev Reichow und Ehefrau Peter Holst

Mögliche Lehren aus den aktuellen Problemen:

--> Für die Reaktivierung der z. T. leer stehenden Nebenzentren müssen vor Ort Ideen von zahlreichen Beteiligten gesammelt werden.

--> Denkmalschutz ist wichtig; er muss zum Beispiel definieren, ob und wie Häuser aufgestockt werden können, ohne die architektonischen und städtebaulichen Qualitäten zu sehr zu beeinträchtigen. Eine Möglichkeit könnte sein, beim Aufstocken an die ursprünglichen Konstruktionsformen und Techniken anzuknüpfen.

--> Die Gestaltungsrichtlinien in den Sennestadt-Verträgen sind vielleicht ein Vorbild, wie die Identität von Quartieren bewahrt werden kann – ein Hinweis von Peter Holst (siehe unten), der noch mit den alten Verträgen gearbeitet hat.

--> Eine Gestaltungssatzung nach dem Vorbild der Denkmalpflegepläne Berlin könnte ein anderes Mittel der Wahl sein, oder eine Erhaltungssatzung, die auch die Zusammensetzung der Bevölkerung zu schützen versucht – ein Hinweis von Andreas Potthoff.

--> Eine stete Aufgabe bleibt es, Politikern den Wert der Baudenkmäler nahe bringen. Hier ist die Hans-Bernhard-Reichow-Gesellschaft am Zuge.

--> Auswege aus dem Parkplatzproblem sind indessen schwierig. In Nürnberg versucht man, die Mieter zum Car-Sharing zu bewegen. Der Erfolg ist bislang bescheiden, der Altersstruktur der Bewohner geschuldet.

Ähnliche Versuche gibt es in der Gartenstadt Farmsen in Hamburg. In der Sennestadt setzt man auf eine Anbindung an die Stadtbahn > *siehe Seite 50*. Mobilitätsstationen könnten eine weitere Lösung sein > *siehe Seite 51*.

Fragen des Tages beantwortet

Welche Ziele verfolgte Hans Bernhard Reichow bei seinen Planungen?

Seine wichtigsten Ziele waren: dass sich die neue Stadt organisch in die vorhandene Landschaft einfügt; dass Menschen aus unterschiedlichen sozialen Schichten im gleichen Quartier zusammen wohnen; und dass alle Wohnungen bestimmte Bedürfnisse nach Lebensqualität erfüllen.

Was bedeutet „organischer Städtebau"?

Darunter verstand Reichow, dass die Siedlungen die Formen der Umgebungslandschaft aufnehmen, dass das Straßennetz sich an organischen Vorbildern wie Blattadern orientiert, und dass die Gebäude in Winkeln zueinander stehen, die an die Äste eines Baumes erinnern.

Wie ist Reichows Idee der „autogerechten Stadt" zu verstehen?

Er stellte sich Straßen vor, die sich in ihrem Verlauf an die Fahrgewohnheiten der Autofahrer anpassen und nicht starren Vorfahrtsregeln folgen. Dass die Nebenstraßen sich in die Hauptstraße einfädeln und die Fußgänger separate Fußwege haben, sollte den Verkehrsfluss verbessern und Unfälle vermeiden.

Wie sieht die „Solararchitektur" Reichows aus?

Man erkennt sie besonders gut an den Hochhäusern: Die Wohnungen fächern sich mit ihren Balkonen zur Sonne hin auf. Jedes Wohnzimmer und Kinderzimmer hat am Nachmittag Sonne, also dann, wenn die Menschen sich dort aufhalten.

Ein Stadtorganismus vor dem Höhenzug des Teutoburger Waldes

Interview mit dem Architekten und
Zeitzeugen Peter Holst (*1923)

Herr Holst, was war das Neue an der Sennestadt?

Sie war konzipiert als selbständige Stadt mit um-fassender Infrastruktur und stellte ein Novum dar gegenüber den Stadterweiterungen, die von den Bauämtern der Städte organisiert und durchge-führt wurden, meist mit ausgesuchten Architekten. Kennzeichen der Sennestadt ist dagegen, dass von Baubeginn an, aus vielen Orten der BRD kommend, eine Vielzahl von Baugesellschaften mit ihren Entwerfern und private Bauherren mit ihren Archi-tekten ihre Bauten hier errichteten. Zugleich sollte sie sich als ein eigener Stadtorganismus vor dem Höhenzug des Teutoburger Waldes entfalten.

Wie haben Sie das damals koordiniert und zusammengeführt?

Das war die Aufgabe der technischen und künst-lerischen Oberbauleitung – also von Reichow und seinen Mitarbeitern. Wir mussten alle diese unter-schiedlichen Entwurfshandschriften koordinieren und Bauherren und Architekten zur Teamarbeit gewinnen. Das konnte nicht öffentlich-rechtlich geschehen, sondern wurde privatrechtlich mit den Grundstücksverträgen erreicht, Verträge, die noch heute ihre Gültigkeit haben. Die darin enthaltenen Richtlinien beschränken sich in den gestalteri-schen Vorgaben auf ein Mindestmaß.
Zum Beispiel auf ein bestimmtes Farbkonzept bei der Gestaltung der Fassaden. Dieses ging später

durch Sanierungen oft verloren. Deshalb haben wir 2014, als Orientierung für energetische Sanierungen, einen Farbfächer mit aufeinander abgestimmten Farbwerten rekonstruiert und teilweise neu ent-wickelt. Er soll helfen, die damals von Reichow angestrebte Geschlossenheit und Heiterkeit des Stadtbildes wiederherzustellen.

Welche Rolle spielt die Landschaft für die Sennestadt?

Der stadtbildprägende Einfluss der Landschaft auf den Stadtorganismus der Sennestadt ist sofort erkennbar: das von Nord nach Süd verlaufende Tal des Bullerbaches als grünes Rückgrat, und quer dazu die alte Geländeabsenkung – sie bilden vor dem ansteigenden Höhenzug des Teutoburger Waldes das „grüne Kreuz". Entlang dieser grünen Achsen liegen an naturgegebenen und herausge-hobenen Stellen die Standorte für Gebäude mit besonderer Bedeutung für das Gemeinwesen: Da ist die „Stadtkrone" mit dem Sennestadthaus auf einer aufgeschütteten Halbinsel. Sie spiegelt sich in der damals angelegten Wasserfläche. Da sind die Kirchengebäude wie die neue evan-gelische Jesus-Christus-Kirche, die auf einem Geländevorsprung oberhalb des Bullerbachtales auftrumpft. Da sind die Schulen an den Grün-achsen vom Schulzentrum im Süden bis zur Ge-brüder-Grimm-Schule im Norden der Sennestadt. Besonders markante Standorte wegen ihrer Lage

Der Berliner Architekt Peter Holst war 1958 –
1962 Mitarbeiter im Büro des Sennestadtplaners
und Oberbauleiters Hans Bernhard Reichow.
Er hat die Gründungsphase der Sennestadt aktiv
mitgestaltet und pflegt bis heute das damals entstandene Sennestadtmodell.

beidseitig der Bachaue besetzen die Astrid-
Lindgren-Schule und die Adolf-Reichwein-Schule.
Diese wurde leider Ende 2015 abgerissen.

Was war das für eine Zeit damals, 1958, als Sie in die Sennestadt kamen?

Die Zeit nach dem Krieg war eine Zeit, in der die
Karten neu gemischt wurden. Ich hörte in Berlin,
wo ich bei meinem Professor arbeitete, eher zufällig, dass Professor Reichow noch Architekten
suchte. Für eine neu entstehende Stadt. Ich war
der erste Bewohner der Südstadt, die Fenster
waren noch gar nicht eingebaut. Dort wohnte ich
acht Monate allein, bis auch meine Frau aus Berlin
hierhin zog mit unserem ersten Kind. Das waren
Pioniere, die Leute, die nach und nach hier ihre
Wohnungen bezogen. Meine Frau ist manchmal
mit dem Kinderwagen im Schlamm stecken
geblieben.

Sennestadt hat das Potenzial einer inklusiven Stadt

Fragen an Marc Wübbenhorst,
Vorsitzender der Hans-Bernhard-
Reichow-Gesellschaft

„Die Wiederbelebung
der Nebenzentren ist
überall ein brennendes
Thema."

Marc Wübbenhorst

Herr Wübbenhorst, was lieben Sie besonders an der Sennestadt?

Lieben ist vielleicht zu viel gesagt, aber die fast originale Architektur der 60er Jahre fasziniert mich sehr. Das ist es, was die Sennestadt insgesamt ausmacht, und die kann man an jedem großen und kleinen Haus erkennen. Wer die Sennestadt mal von oben angeschaut hat, die Struktur, wie Reichow sie damals erdacht und geplant hat: das ist etwas ganz Besonderes und unglaublich erhaltenswert. Der organische Stadtgrundriss mit der Blattadernstruktur wurde nirgendwo anders so umfassend umgesetzt wie hier. Dazu kommt die soziale Idee der Sennestadt, die Reichow umsetzen wollte, die Durchmischung, die sich in den Gebäudetypologien zeigt: Auf engem Raum finden Sie Einfamilienhäuser, Reihenhäuser, Mehrfamilienhäuser und Hochhäuser, alle architektonisch aufeinander abgestimmt.

Ist daraus wohl das berühmte Sennestadtgefühl entstanden, das es bis heute bei vielen Bewohnern geben soll?

Für die Gründergeneration ist die Sennestadt immer noch eine eigene Stadt. Für die später Hinzugezogenen ist sie ein Bielefelder Stadtteil individueller Prägung. Das Stadtgefühl spiegelt sich in der Meinung über den angeblich verstaubten Charme der 50er/60er-Jahre-Architektur wieder, der gerade positiv wiederentdeckt wird. Die filigrane Architektur oder die Gestaltung der Fassaden finden wieder Wertschätzung. Sennestadt ist so individuell wie der Einzelne, der sich hier zu Hause fühlt.
Aber man steht hinter diesem Stadtteil, der so stark abgegrenzt „hinterm Wald" liegt, von Bielefeld aus gesehen. Das hat auch etwas von einem Inselgefühl. Inseln im Wald nennt man Lichtungen – und das Kunstwerk auf dem zentralen Reichow-Platz heißt folglich „Auf der Lichtung".

Welchen Zweck hat die Hans-Bernhard-Reichow-Gesellschaft?

Sie hat, wie es offiziell heißt, das Ziel, das geistige Erbe des Architekten und Stadtplaners Hans Bernhard Reichow zu bewahren. Ich verstehe das aber nicht so, dass wir versuchen, eine alte Lehre zu konservieren und einen Raum zu schaffen, in dem die Zeit stehen geblieben ist. Sondern wir greifen bewusst das von seinen Gedanken und seiner Arbeitsweise auf, das in der heutigen Zeit produktiv wirken kann. Reichows Stadtgrundriss hat zum Beispiel die soziale Inklusion vorweggenommen. Das spiegelt sich im Arbeiten der Sennestadt GmbH bis heute produktiv wider und liefert uns immer wieder Anregungen, Lösungen für heutige und für Zukunftsprobleme des 21. Jahrhunderts zu finden.

Was machen Sie konkret im Jahr 2017?

Wübbenhorst: Wir beteiligen uns am Tag des offenen Denkmals am 11. September mit einer Fachtagung, wahrscheinlich zum Thema Quartierszentren. In allen »Reichow-Städten« haben wir das Problem, dass viele Läden in den damals geplanten fußläufigen Nebenzentren leer stehen. Und überall sammelt man Ideen, wie wir diese Zentren reaktivieren könnten. Also ideale Bedingungen für einen konstruktiven Austausch. Außerdem planen wir eine Exkursion in eine der anderen »Reichow-Städte« und überlegen, über welche Medien wir den Gedankenaustausch zwischen den Städten sinnvoll führen können. Das berührt einen organisatorischen Punkt: Wir sind noch dabei, die Infrastruktur des Vereins vom früheren Sitz Bad Schwalbach nach Bielefeld-Sennestadt zu verlegen. Das ist leichter gesagt als getan.

Reichow (rechts) und seine Mitarbeiter planen auf der grünen Wiese.

Farben der Sennestadt

Hans Bernhard Reichow und sein Mitarbeiter Peter Holst haben in den 1960er Jahren dafür gesorgt, dass die Häuser der Sennestadt ein bestimmtes Farbmuster einhielten. Mit ihren Farben sollte sich die Sennestadt in die organische Stadtlandschaft am Hang des Teutoburger Waldes eingliedern und zugleich den Menschen, ihren Bewohnern, ein neues Zuhause verschaffen, mit dem sie sich identifizieren konnten.

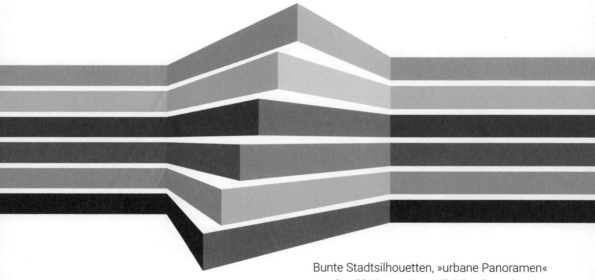

In einer Ausstellung wurde 2016 gezeigt, wie der Farbenhersteller Brillux und Peter Holst 2014 das damalige Farbsortiment der Sennestadt rekonstruiert und durch einige weitere zeitgemäße Farbtöne ergänzt haben. Die so entwickelte Farbpalette dient den Hausbesitzern in der Sennestadt zur Orientierung, wenn sie im Zuge der energetischen Sanierung ihre Fassaden neu gestalten und dabei die Identität des Quartiers bewahren wollen. Bei mehreren Bauprojekten am Luheweg und bei der Musterbaustelle des Sennestadt Sanierungsmanagements wurde die Farbpalette bereits praktisch angewandt.

www.sennestadt-musterbaustelle.de

Bunte Stadtsilhouetten, »urbane Panoramen« wurden 2016 von einem Zeichenkurs der Hans-Ehrenberg-Schule geschaffen. Sie greifen die Farben der Sennestadt auf.

Die Schülerinnen und Schüler haben sich damit auseinandergesetzt, wie es in ihrem Quartier aussieht und aussehen könnte. Das Schulprojekt wurde aus Mitteln des Stadtumbaus Bielefeld-Sennestadt[1] gefördert. Niemand verkörpert das Konzept »Reichow 21« besser als jugendliche Bewohner, die sich aktiv um die Verhältnisse in ihren Quartiere kümmern.

[1] www.bielefeld.de/de/bz/sest/stse/

www.sennestadt-farben.de

„Farbe fasst zusammen, ohne unterschiedliche Handschriften zu verwischen, setzt Akzente, schafft Spannungen, lässt Steigerung oder auch Abschwächung zu".

Peter Holst

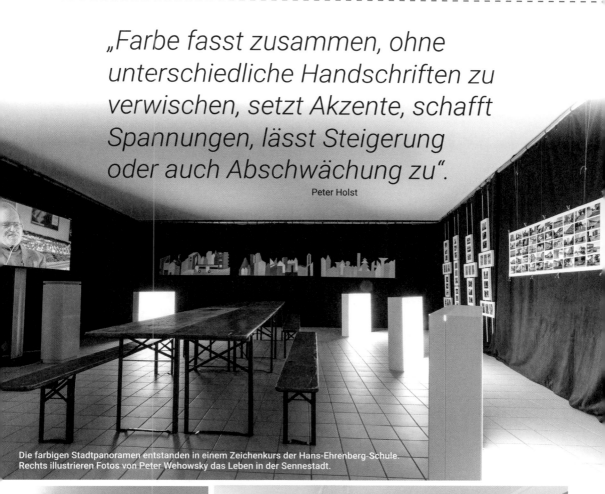

Die farbigen Stadtpanoramen entstanden in einem Zeichenkurs der Hans-Ehrenberg-Schule. Rechts illustrieren Fotos von Peter Wehowsky das Leben in der Sennestadt.

01 Die Bilder entstanden in einem Zeichenkurs der Hans-Ehrenberg-Schule
02 Lehrer und Schüler präsentieren ihre farbigen Stadtpanoramen

Das Konzept „Farben der Sennestadt" (von Brillux und Sennestadt GmbH) dient Bauherren zur Orientierung. Es soll die Identität der Quartiere wiederherstellen.

Willkommen im grünen Bereich!

sennestadt
Willkommen im grünen Bereich.

Marc Wübbenhorst, Vorsitzender der Hans-Bernhard-Reichow-Gesellschaft und Vorstandsmitglied des Sennestadtvereins, präsentiert den historischen Stadtkern, stadtplanerische Besonderheiten und aktuelle Sanierungs-knackpunkte der Sennestadt.

01
Die »Stadtkrone« am Sennestadt-ring wurde als repräsentatives Stadtzentrum angelegt, auf das alle Hauptäste des Straßennetzes zulaufen: mit dem 31 m hohen Sennestadthaus auf einer aufge-schütteten Halbinsel (ursprünglich als Rathaus konzipiert), dem künstlich angelegten Senne-stadtteich und weiteren auffällig gestalteten Gebäuden wie dem Sennestadtpavillon und dem Ju-gendzentrum LUNA, einem Werk des Architekten Reichow. Es ist das größte Bielefelder Jugendzen-trum und liegt nicht, wie üblich, am Stadtrand, sondern mitten drin.

02
Marc Wübbenhorst und Denkmal-schützer aus ganz Deutschland stehen »auf der Lichtung«.
Die gleichnamige Skulptur von Anthony Cragg ziert den zentra-len Reichow-Platz. Die halbrun-den Gebäude stammen aus den 1990er Jahren.

03
Im Keller der Stadtteilbibliothek befindet sich das Sennestadt-modell, das seit vielen Jahren von Peter Holst gepflegt und stets aktualisiert wird.
An diesem Modell wird Reichows »organische Stadtlandschaft« sichtbar: Häuser, die sich wie Blätter an den Zweigen eines Baumes aufreihen. Marc Wüb-benhorst zeigt die Sennestadt im Abendlicht – ein Spezialeffekt des Sennestadtmodells.
Die meisten Wohnungen sind nach der Nachmittags- und Abendsonne ausgerichtet.

04
Das ehemalige »Teehaus« an der Elbeallee war das erste in der Sennestadt gebaute Haus, errich-tet 1965: Architekt Hans Bernhard Reichow hatte hier sein Planungs-büro. Später zog die Gemeinde-bibliothek ein, 1973 wurde nach der Eingemeindung daraus die Stadtteilbibliothek. Sie wurde aus Mitteln des Konjunkturpaketes II saniert, die Architektur der Nach-kriegszeit blieb erhalten.

05
Seit 2010 gilt die Sennestadt als „historischer Stadtkern mit besonderer Denkmalbedeutung". Das hat die Vereinigung der Landesdenkmalpfleger in NRW entschieden. Die untere Elbeallee ist exemplarisch für die Ladenzei-len der Sennestadt. Städtebaulich nehmen die Geschosshöhen zur Stadtmitte hin zu. Ausnahme: einzelne Hochhäuser.

06
Reihenhäuser, Einfamilienhäuser, Hochhäuser und Mehrfamilienhäuser finden sich in direkter Nachbarschaft. So wollte Reichow für eine gute soziale Durchmischung der Einwohnerschaft sorgen.
Die charakteristische Farbigkeit der Mehrfamilienhäuser ist durch Maßnahmen der energetischen Sanierung oft verloren gegangen. Stadtführung vor einem sanierten Mehrfamilienhaus mit den typischen Loggien. Jede Familie soll ihre Privatheit wahren können und hat zugleich Anteil an der Grünanlage. Durch alle Fenster der Wohnung kann man die Grünanlage sehen, die spielenden Kinder beobachten, aber nicht die Nachbarwohnung.

Kurzlink zur umfangreichen Fotogalerie:

bit.ly/sennestadt-fotogalerie

07
Die dreizehn Hochhäuser sind bedeutende Landmarken in der Sennestadt. Trotz großer Ähnlichkeiten hat jedes seinen unverwechselbaren Charakter.
In der Nachkriegszeit stand besonders dieser Gebäudetyp für eine neue Zeit und das neue Wohnen. Integrierte Ladenzeilen sollten die Hochhäuser mit ihrem Umfeld verbinden und zugleich die Nahversorgung der Bewohner unterstützen.

08
Das bewaldete Bullerbachtal bildet einen der beiden Balken des »Grünen Kreuzes«, das die Sennestadt strukturiert. Die Quelle des Bullerbachs wurde aufwändig renaturiert. Der Stadt-Slogan »Wilkommen im grünen Bereich« spiegelt die produktive Spannung zwischen Grünraum und farbiger Bebauung wider.

09
Vor der spektakulären Jesus-Christus-Kirche.

10
Hans Bernhard Reichow verfolgte ein Verkehrskonzept, das Unfälle vermeiden und Ampeln und Vorfahrtsschilder überflüssig machen sollte: Es gibt keine Kreuzungen, sondern nur Einmündungen. Diese sind so angelegt, dass sich die Nebenstraßen mit einer Biegung in die Hauptstraße einfädeln.
Die durchgehende Hauptstraße ist schon baulich als Vorfahrtsstraße erkennbar. Alle Biegungen wenden sich der »Stadtkrone« zu, dienen also als bauliche Wegweiser zum Zentrum.
Die gebogenen Einmündungen sollten einen flüssigen Autoverkehr mit angemessener Stadtgeschwindigkeit ermöglichen.

Ausblick

Liebe Leserin, lieber Leser,

wahrscheinlich haben Sie das Buch erst einmal durchgeblättert und sind dabei an einigen Bildern oder Überschriften hängen geblieben. Bei mir werden auf diese Weise Erinnerungen an Gespräche oder Momente geweckt, in denen mich einzelne Akteure besonders bewegt haben – mit ihrer Art, mit ihren Themen. Besonders die Bilder zeigen, wie engagiert die Teilnehmerinnen und Teilnehmer zugehört, diskutiert, sich über ihre Erfahrungen und Ideen ausgetauscht haben. Die Vernetzung der Themen hat mich fasziniert und mir neue Erkenntnisse verschafft, mich bestärkt, gemeinsam mit anderen auf dem richtigen Weg zu sein. Dafür bin ich allen, die sich mit ihren Ideen und ihrer Kraft eingebracht haben, dankbar.

Es war ein Wagnis, mit so vielen unterschiedlichen Akteuren und Themen eine Fachtagungswoche zu koordinieren und gemeinsam durchzuführen – und jetzt auch noch ein Buch zu veröffentlichen. Dass sich das alles gelohnt hat, ist spürbar – auch an Kleinigkeiten wie den Querverweisen zwischen den Kapiteln („siehe Seite x"). Das sind immer wieder inhaltliche Bezüge zwischen den Themen, die uns erst dadurch bewusst wurden, dass wir die Menschen, die sie verkörpern, an einem realen und an einem virtuellen Ort, diesem Buch nämlich, zusammengebracht haben. An dieser Stelle danke ich deshalb allen, die den unvermeidbaren Aufwand auf sich genommen haben, um ihren persönlichen Beitrag zu einem beeindruckenden Ganzen zu leisten.

In diesem Geist werden wir in Bielefeld-Sennestadt aktiv bleiben, damit dieser Stadtteil sich im 21. Jahrhundert auf menschen- und klimafreundliche Weise weiterentwickelt. Ich wünsche Ihnen, dass auch Sie die Erkenntnisse, die hier versammelt sind, in Ihrer Lebenswelt produktiv nutzen können!

Ihr Bernhard Neugebauer

Personenregister

Bamberg, Sebastian 21, 23, 33ff, 41ff
Behrens, Grit 20ff, 36f
Birkemeyer, Claas 61, 70f
Böhmer, Heike 61, 66f, 95, 99-103, 110, 112, 115
Brinitzer, Sabine 128-131, 136
Brodda, Ralf 84f, 97
Clausen, Pit 8, 24f, 30, 52
Cragg, Anthony 144
Dietz, Stephanie 48f, 52
Ditges, Anna 110, 114, 120f
Dodenhoff, Sven 84f, 89, 92
Dornbusch, Heinrich 13ff, 110f, 114, 117
Dreier, Markus 48f, 52f
Ertl, Sven 22, 33
Försterling, Thorsten 21, 34 61, 74f, 80-85, 95f, 100-103, 110, 113
Frensemeier, Eva 48f, 51, 53ff
Glöckner, Beate 82

Grünebaum, Wiltrud 83, 97
Hamelmann, Frank 21, 23 27-31
Heynkes, Jörg 110-117, 122f
Hoffmann, Beatrix 129
Hofmeister, Uwe 84f, 89, 92, 98
Holst, Peter 130, 136, 138f
Hugot, Stefanie 83, 94f, 99
Jung, Armin 82, 88, 110, 112, 115, 128, 136
Jung, Wolfgang 13
Kemfert, Claudia 24, 29f, 40
Kilper, Thilo 23, 28f, 31
Köchert, Helmut 80, 86f
Korff, Jens Jürgen 53, 103
Kröpke, Ingo 84f, 89ff
Lange, Georg 61, 71f
Le Corbusier 65
Meier, Hartwig 48-51, 53
Mertens, Konrad 23, 35
Metzger, Norbert 84f

Meyer, Klaus 110f, 114, 117f
Mittermeier, Paul 61, 68f
Müller, Marc-André 83
Nakelski, Sabine 83, 94
Neugebauer, Bernhard 9, 21, 29, 84f, 104f, 110-117, 128, 130, 134, 146
Neusser, Wolfgang 82
Nieslony, David 23, 32
Nockemann, Lars 124
Oesterlen, Dieter 145
Ohlemeyer, Jens 30
Otto, Frei 124
Pikarek, Marcus 61
Plöger, Sven 24-30
Pöhler, Kay 82, 93, 95
Potthoff, Andreas 128, 130, 133, 135f
Reichow, Hans Bernhard 9, 57, 63, 99, 102, 114, 128-139, 141f, 144f

Remmel, Johannes 7, 24f, 28ff, 38f
Reuter, Ruth 83, 90, 93
Richwien, Martina 110-117
Ritschel, Anja 84f, 105, 110, 113, 116f
Rother, Franz W. 24, 29
Schekira, Ralf 128, 130, 132
Schlender, Klaus 22, 33
Steckel, Florian 22, 33
Stiebel, Jochen 110ff, 117
Thiel, Christoph 22, 34
Upmeyer, Jürgen 84, 96
Wehowsky, Peter 143
Weicht, Johannes 22, 33
Westerheide, Rolf-Egon 61-65
Wetter, Oliver 20f
Witthaus, Fabian 22, 33
Wübbenhorst, Marc 83, 110, 112, 129f, 140f, 144f

autogerechte Stadt, ein 1959 vom Stadtplaner Hans Bernhard Reichow veröffentlichtes Konzept, das u. a. eine Trennung von Autostraßen und Fußwegen und eine kreuzungsfreie Straßenführung vorsah mit dem Ziel, Verkehrsunfälle zu vermeiden. Anstelle von Kreuzungen und Ampeln präferierte Reichow geschwungen gestaltete Einmündungen, die das Einfädeln der Autos in den Hauptstraßenverkehr erleichtern sollten.

Barrierefreiheit, eine Gestaltung von Gebäuden und informationstechnischen Angeboten, die es Menschen mit Beeinträchtigungen gestattet, alle nützlichen Einrichtungen selbstständig zu benutzen.

Bedarfsplanung, der Teil der Planung eines Neubauprojekts, der sich mit der Feststellung der Bedarfe der späteren Nutzer befasst und mit der Frage, welche Eigenschaften das Gebäude haben muss, um die Bedarfe zu erfüllen.

Car-Sharing, Autoteilen, eine zentral organisierte Möglichkeit, für einzelne Fahrten ein Auto auszuleihen. Dadurch können Stadtbewohner auf ein eigenes Auto verzichten und haben dennoch im Bedarfsfall ein Auto zur Verfügung.

CO₂-neutrale Stadt, eine Stadt, deren Energieverbrauch die Atmosphäre nicht mit zusätzlichem Kohlendioxid (CO_2) belastet. Sie ist wahrscheinlich möglich, wenn die Häuser *Null-Energie-Häuser oder *Plus-Energie-Häuser sind, wenn konsequent *erneuerbare Energien, *Geothermie, *Quartiersspeicher, Fahrräder, öffentliche Verkehrsmittel, *Elektromobilität und *Mobilstationen genutzt werden.

Denkmalschutz, der Schutz denkmalwürdiger historischer Gebäude, Gebäudeensembles usw. vor vermeidbaren Zerstörungen oder gravierenden Veränderungen ihres Erscheinungsbildes. Er dient dazu, Kulturgüter dauerhaft zu erhalten.

Elektromobilität, die Mobilität mit elektrisch betriebenen Fahrrädern (E-Bikes, Pedelecs) oder Autos.

energetische Sanierung, der Umbau bestehender Gebäude im Sinne des *Klimaschutzes; dazu gehören vor allem der Einbau effizienterer Heizungs- und Warmwasseranlagen (alternativ: Anschluss an *Fernwärme oder *Nahwärme), *Wärmedämmung, die Nutzung von *Geothermie und Sonnenenergie. Geschehen diese Maßnahmen abgestimmt auf Ebene eines *Quartiers, spricht man von energetischer Quartierserneuerung.

Energieeinsparverordnung (EnEV), eine 2002 in Kraft getretene deutsche Verordnung auf Grundlage des Energieeinsparungsgesetzes (EnEG). Sie schreibt den Eigentümern von Wohn- und Bürogebäuden bautechnische Standardanforderungen zum effizienten Energiebedarf vor, z. B. Standards für die *Wärmedämmung oder die Effizienz der Heizungsanlage.

Energiewende, der Umbau der Energieversorgung im Sinne des *Klimaschutzes. Sie besteht aus den drei Ästen *Stromwende, *Verkehrswende und *Wärmewände. Häufig wird fälschlich die Stromwende als Energiewende bezeichnet, was den Nachteil hat, dass Verkehrswende und Wärmewende aus dem Blick geraten.

erneuerbare Energien, Energieträger, die anders als die *fossilen Brennstoffe von Natur aus ständig verfügbar sind (wie *Windkraft, *Sonnenenergie, Gezeitenkraft und *Geothermie) oder ständig klimaneutral nachwachsen wie Biogas und Biokraftstoff.

Fernwärme, Heizwärme, die in einem zentralen Heizwerk oder Heizkraftwerk, manchmal auch in einer Industrieanlage erzeugt und über isolierte Rohre in die umliegenden Wohnhäuser geleitet wird, um sie zu beheizen. Im Unterschied dazu stammt *Nahwärme aus einer Quelle innerhalb des jeweiligen *Quartiers.

Förderrichlinie Nr. 11.1, eine Richtlinie auf Basis von § 164a und § 177 Baugesetzbuch, die staatliche Zuschüsse für die Modernisierung von Wohnhäusern in Fördergebieten der *Städtebauförderung regelt.

fossile Brennstoffe, die Energieträger Steinkohle, Braunkohle, Erdöl und Erdgas, die in der Erdgeschichte aus früherem Pflanzen- und Tiermaterial entstanden sind. Sie bestehen überwiegend aus Kohlenstoff. Wenn sie verfeuert werden, wird das Treibhausgas *Kohlendioxid (CO_2) freigesetzt, das als hauptverantwortlich für die globale Erwärmung gilt.

Geothermie, Erdwärme, die natürliche Wärme des Erdbodens. Bodennahe G. (in Schichten bis 400 m Tiefe) kann über G.-Kollektoren und Wärmepumpen genutzt werden, um Häuser zu beheizen und Warmwasser zu erzeugen.

Graue Energie, der Teil der im Lebenszyklus eines Hauses verbrauchten Energie, der in der Konstruktion des Hauses selber steckt (also z. B. im Beton). Er steigt stark an, wenn Häuser aufwändig wärmegedämmt werden und deshalb zugleich weniger Heizenergie verbrauchen.

Hausakte, eine Akte, die während des Baus oder Umbaus eines Hauses erstellt wird und zahlreiche Details des Hauses dokumentiert, z. B. die verbauten Materialien. Sie erleichtert spätere Modernisierungen sowie die *Lebenszyklus-Betrachtung des Hauses.

Innovation, nach Thorsten Försterling eine neue Idee, die sich am Markt bewährt hat.

intermediäre Organisationen, vermittelnde Organisationen, die zwischen andere Akteure geschaltet sind, um komplexe Kommunikationsprozesse zu vermitteln; etwa bei der *energetischen Sanierung eines Quartiers oder beim *Wissenstransfer. Sie sind idealerweise ein Hort der *Prozesskompetenz. Vgl. *Transfergesellschaft.

KfW 432, Abkürzung für das Programm Nr. 432 der Kreditanstalt für Wideraufbau (KfW). Es regelt die Förderung der *energetischen Sanierung auf Quartiersebene durch Bundesmittel.

Klima, nach Sven Plöger die statistische Zusammenfassung und Auswertung zahlreicher Wetterereignisse. Dazu gehört die globale Erwärmung, eine seit etwa 1880 zu beobachtende schnelle Erhöhung der globalen Mitteltemperatur. Verantwortlich dafür ist mit hoher Wahrscheinlichkeit der Ausstoß von Treibhausgasen wie *Kohlendioxid (CO_2) durch das Verbrennen *fossiler Brennstoffe.

Klimaschutz, Maßnahmen, die den Ausstoß von Treibhausgasen, vor allem von *Kohlendioxid (CO_2), reduzieren sollen, um die globale Erwärmung zu begrenzen; weitere Maßnahmen dienen der Anpassung z. B. der Landwirtschaft an das sich ändernde Klima. Dem Klimaschutz dient die *Energiewende.

Klimaschutzsiedlung, eine Neubausiedlung, deren Häuser überdurchschnittliche Ansprüche an die *Wärmedämmung erfüllen (also *Passivhäuser, *Null-Energie-Häuser oder *Plus-Energie-

Häuser sind), und in der in der Regel erneuerbare Energiequellen wie *Geothermie oder *Sonnenenergie genutzt werden. Auch ein quartiersbezogenes Energiemanagement mit *Quartiersspeicher oder ein System mit *Kraft-Wärme-Kopplung kann dazugehören.

Kohlendioxid (CO_2), ein farb- und geruchloses, ungiftiges Gas, das beim Atmen der Lebewesen, in Vulkanen und beim Verbrennen von Holz oder *fossilen Brennstoffen entsteht; ein Oxidationsprodukt des Kohlenstoffs. Es ist das wichtigste Treibhausgas und für die globale Erwärmung des *Klimas verantwortlich.

Kraft-Wärme-Kopplung, die kombinierte Erzeugung von Heizenergie und Strom, etwa in einem Blockheizkraftwerk. Dabei wird außer Strom *Fernwärme oder *Nahwärme erzeugt.

Lebensqualität, *Wohnqualität

Lebenszyklus, bezogen auf ein Gebäude der komplette Stoff- und Energiefluss vom Bau über die Nutzung, spätere Umbauten und Modernisierungen bis hin zu Abriss und Entsorgung.

Mieterstrom, Quartierstrom, Strom, der lokal innerhalb eines Quartiers erzeugt und dort an die Mieter von Wohnungen oder Gewerbeflächen oder an Wohnungs- und Hausbesitzer verkauft wird. Er ist meist günstiger als normaler Netzstrom, da er frei von Netzentgelten und Konzessionsabgaben ist.

Mobilitätsstation, Mobilstation, eine Station in der Stadt, an der Bahn- und Buslinien, Fahrradwege, Fahrradgaragen, Leihstationen für E-Bikes und *Car-Sharing und ein Kiosk o. ä. so attraktiv miteinander verknüpft sind, dass Benutzer und umliegende Bewohner dazu ermuntert werden, sich bei der Wahl ihrer Verkehrsmittel *multimodal zu verhalten.

Modal Split, die Art und Weise, wie die Bewohner z. B. eines Stadtviertels für unterschiedliche Zwecke unterschiedliche Verkehrsmittel benutzen. Ein angestrebter Modal Split ist die *Multimodalität.

Modernisierungsgebot, eine Bestimmung in § 177 Baugesetzbuch, nach der die Gemeinde die Eigentümer von Gebäuden dazu verpflichten kann, bauliche Missstände oder Mängel des Gebäudes durch Modernisierung oder Instandsetzung zu beseitigen.

Multimodalität: Ein Bewohner verhält sich in der Wahl seiner Verkehrsmittel **multimodal,** wenn er je nach Länge und Zweck seiner Fahrt das am besten geeignete Verkehrsmittel auswählt, also in einem Fall zu Fuß geht, im anderen Fahrrad oder E-Bike fährt, im dritten mit Bus oder Bahn fährt, im vierten ein *Car-Sharing-Auto benutzt, im fünften das eigene Auto.

Musterbaustelle, eine mustergültige Sanierungsmaßnahme, die für Interessenten öffentlich zugänglich gemacht wird. Sie dient dazu, für die (meist energetische) Sanierung etwa von Reihenhäusern zu werben und Vorbehalte der Interessenten am lebenden Beispiel auszuräumen.[1]

Nachhaltiges Bauen, ein Satz von Qualitäten, den ein Gebäude haben kann, etwa energetische Standards (*Wärmedämmung), *Barrierefreiheit, *ökologische Baustoffe, *Wohnqualität, *Prozessqualität, ein nachhaltiger *Lebenszyklus. Sie sollen sicherstellen, dass das Gebäude zukünftige Generationen nicht belasten, sind Bestandteil bestimmter *Zertifikate und einer hochwertigen Planung.

Nachverdichtung, der nachträgliche Zubau von Wohnhäusern in vorhandenen Wohnvierteln, etwa in Baulücken oder in früheren Gärten, oder die Aufstockung von vorhandenen Wohnhäusern. Sie dient dazu, neue Wohnfläche zu schaffen, ohne die Besiedlung in die freie Landschaft auszudehnen.

Nahmobilität, die Mobilität auf kurzen Strecken. Idealerweise erfolgt sie zu Fuß oder mit dem Fahrrad bzw. E-Bike (*Multimodalität).

Nahwärme, Heizwärme, die innerhalb eines Quartiers erzeugt, gespeichert (*Quartiersspeicher) und wieder an die Häuser des Quartiers verteilt wird. Sie kann aus *Kraft-Wärme-Kopplung, *Geothermie oder *Solarthermie stammen.

nicht rentierliche Kosten, Kosten einer Modernisierungsmaßnahme, die der Eigentümer nicht durch eine Mieterhöhung amortisieren kann. Ein Teil davon wird auf Antrag in der Regel von Staat oder Gemeinde übernommen, etwa im Rahmen von *KfW 432 oder *Förderrichtlinie 11.1.

NIMBY, Abkürzung für „not in my backyard" („nicht in meinem Hinterhof"). Man bezeichnet damit das Motiv von Anwohnern, Änderungen, die sie anderswo befürworten, in der Nähe ihrer Wohnung abzulehnen.

Null-Energie-Haus, ein Energiestandard für Gebäude; er ist erreicht, wenn im Jahresmittel nicht mehr Energie von außen bezogen wird, als durch eigenen Energiegewinn (z. B. aus Solaranlagen) wieder ins Netz zurückgespeist wird. Dabei bleibt die *Graue Energie außerhalb der Betrachtung.

ökologische Baustoffe, Baustoffe, die ökologisch verträglich hergestellt wurden und die Bewohner mit keinerlei gesundheitsschädlichen Ausdünstungen o. ä. belasten.

organischer Städtebau, ein 1948 veröffentlichtes Konzept des Stadtplaners Hans Bernhard Reichow, das u.a. vorsah, dass neu zu bauende Siedlungen die Formen der Umgebungslandschaft aufnehmen, dass ihr Straßennetz und die Anordnung der Gebäude sich an biologischen Vorbildern wie Blattadern und Ästen orientiert. Reichow nahm an, dass solche Formen der Lebensqualität der Menschen in den Siedlungen zugute kommen.

Partizipation, die Beteiligung aller Menschen und Gruppen, die in eine Angelegenheit, z. B. die Gestaltung eines Quartiers verwickelt sind, an Entscheidungen, die diese Angelegenheit betreffen.

Passivhaus, ein extrem gut wärmegedämmtes Haus, das durch spezielle Anlagen die beim Lüften verloren gehende Wärmeenergie zurückgewinnt und weit überwiegend passiv beheizt wird, durch Sonneneinstrahlung (*Solararchitektur), die Abwärme der Bewohner und die Abwärme von Geräten.

Photovoltaik (PV), die direkte Umwandlung von Sonnenenergie in elektrischen Strom mit Hilfe von Solarzellen.

Plus-Energie-Haus, ein Energiestandard für Gebäude; er ist erreicht, wenn im Jahresmittel weniger Energie von außen bezogen wird, als durch eigenen Energiegewinn (z. B. aus Solaranlagen) wieder ins Netz zurückgespeist wird. Dabei bleibt die *Graue Energie außerhalb der Betrachtung. Die Energieabgabe kann auch in Form von Wärmeenergie erfolgen, die in einem *Quartiersspeicher gespeichert wird.

Power to Gas (P2G), wörtl. „Strom zu Gas", die technische Umwandlung von überschüssigem Strom z. B. aus *Photovoltaik oder *Windkraft in ein Gas, meist Wasserstoff, das gespeichert und bei Bedarf als Brennstoff benutzt werden kann.

Power to Heat (P2H), wörtl. „Strom zu Heizwärme", die technische Umwandlung von überschüssigem Strom z. B. aus *Photovoltaik oder *Windkraft in Heizwärme, etwa über Elektroheizungen, Nachtspeicher-Heizungen oder *Wärmepumpen.

Prebound-Effekt, das Phänomen, dass die Einsparung von Heizenergie nach einer energetischen Sanierung oft kleiner ist als zuvor errechnet, weil die Bewohner vorher sparsamer geheizt haben als in der Kosten-Nutzen-Rechnung angenommen wurde. Er wird oft mit dem *Rebound-Effekt zusammengefasst.

Prozesskompetenz, die Fähigkeit, komplexe Veränderungsprozesse z. B. in einer Stadt, einem Stadtviertel oder Quartier nachhaltig zu gestalten und die *Partizipation aller Beteiligten zu moderieren. Dazu gehört die Fähigkeit, Utopien wie die *CO_2-neutrale Stadt in Einzelschritte zu zerlegen, die allen Beteiligten machbar erscheinen oder sogar attraktiv sind.[2]

Prozessqualität, ein Teil der *Qualitäten, die Gegenstand des *Qualitätsmanagements sind; P. beziehen sich auf den Ablauf des untersuchten Prozesses, z. B. die Frage, wie gut der Planungs- und Bauprozess eines Gebäudes in einer *Hausakte dokumentiert wurde.

Qualität, nach Thorsten Försterling eine Beschaffenheit (z. B. eines Gebäudes), die so beschrieben ist, dass alle Beteiligten sie verstehen.

Qualitätsmanagement (QM), alle Maßnahmen, die der Verbesserung der Qualität der Prozesse, Leistungen und Produkte eines Unternehmens dienen. Sie ist eine Kernaufgabe des Managements. Oft wird es systematisch in Form eines festgelegten Qualitätsmanagementsystems (QMS) betrieben.

Quartier, Viertel, nach Armin Jung eine Untereinheit eines Stadtteils.

Quartierserneuerung: Nach Armin Jung ist der strukturelle Erneuerungsbedarf in einem Quartier oft sehr vielseitig: Es gibt z. B. energetische Missstände, eine überalterte Bevölkerung, fehlende Infrastruktur. Die energetische Quartierserneuerung ist eine Quantitätsstufe der *energetischen Sanierung.

Quartierskonzept, die Erfassung energetischer Missstände, demografischer Probleme und des Niveaus der Infrastruktur in einem *Quartier sowie seiner Baustruktur, seiner Eigentümer- und Bewohnerstruktur; die Ableitung der Bedarfe für eine *Quartierserneuerung; die Planung einer Vorgehensweise.

Quartiersspeicher, ein Speicher für überschüssigen Strom oder überschüssige Heizwärme innerhalb eines Quartiers, evt. verknüpft mit *Power to Gas, *Power to Heat und *Vehicle to Grid.

Rebound-Effekte, psychologische Effekte, die bewirken, dass die Einsparung von Heizenergie o. ä. nach einer *energetischen Sanierung in der Alltagspraxis oft geringer ausfällt als zuvor geplant. Dazu gehört der *Prebound-Effekt (die Bewohner hatten vorher sparsamer geheizt als angenommen) und der Effekt, dass sie nachher weniger sparsam heizen, weil sie das Gefühl haben, dass die gute Wärmedämmung usw. das erlaubt.

Sanierung, die Modernisierung von Bestandsbauten mit dem Zweck, den *Klimaschutz zu verbessern (*energetische Sanierung), *Barrierefreiheit herzustellen oder die *Wohnqualität zu verbessern.

Sanierungskonfigurator, eine Internet-Anwendung, in der Mieter oder Eigentümer älterer Häuser und Wohnungen an vereinfachten Modellen ausprobieren können, welche Sanierungsmaßnahmen viel bringen (z. B. Heizkosten einsparen, Wohnqualität verbessern).

Sanierungsmanager, ein Manager, der die *energetische Sanierung eines Quartiers oder Stadtteils organisiert. Die wichtigste Anforderung an ihn ist eine hohe *Prozesskompetenz.

Sanierungsquote, Sanierungsrate, eine Prozentzahl, die angeben soll, welcher Anteil der vorhandenen Häuser, Wohnungen oder Wohnfläche in einem Jahr energetisch saniert wurde, oder welcher Anteil des theoretisch möglichen Sanierungspotenzials erfüllt wurde. Leider gibt es keine einheitliche Regel zur Berechnung der S., weshalb die Zahlen aus unterschiedlichen Quellen meist nicht vergleichbar sind.

serielles Bauen, Fertigbau, die serienmäßige Vorfertigung größerer Teile (kompletter Wände usw.) von Neubauten in einer industriellen Produktionsstätte.

Smart Monitoring, eine Software, mit der z. B. die Bewohner einer Wohnung ihr eigenes Heizungs- und Lüftungsverhalten (oder ein anderes Verhalten, das bestimmte Verbräuche erzeugt) überprüfen und Einsparmöglichkeiten praktisch ausprobieren können. Sie ist mit Sensoren verknüpft, die relevante Daten erfassen.

Solararchitektur, die Gestaltung von Gebäuden mit dem Ziel, möglichst viel der durch die Fenster einstrahlenden *Sonnenenergie zum Beheizen der Innenräume zu nutzen. Wichtiger Bestandteil eines *Passivhauses.

Solarthermie, die Nutzung des Wärmeanteils der Sonnenenergie für die Warmwasserbereitung; sie erfolgt in Sonnenkollektoren. Nicht zu verwechseln mit der *Photovoltaik.

Sonnenenergie, die Energie der auf der Erdoberfläche einwirkenden Sonnenstrahlung. Sie kann direkt zur Stromerzeugung genutzt werden (*Photovoltaik), zum Beheizen von Warmwasser (*Solarthermie), zum Beheizen des Hauses (*Solararchitektur) und zur Stromerzeugung in solarthermischen Kraftwerken.

Städtebauförderung, ein Förderprogramm des Bundes und der Länder mit dem Ziel, die Innenstädte und Ortsteilzentren in ihrer städtebaulichen Funktion zu stärken. Sie fördert den Wohnungsbau, den Denkmalschutz, die Wiedernutzung innenstadtnaher Flächen u.a.

Stadtumbau, städtebauliche Maßnahmen in Stadtteilen und Städten, die von Strukturwandel und Rückgang der Bevölkerung (Leerständen) besonders betroffen sind. Er begann als bundesweite Aufgabe im Jahr 2000 als **Stadtumbau Ost** in ostdeutschen Städten. 2008 kam der **Stadtumbau West** hinzu.

Stromwende, der Umbau der Stromversorgung unter dem Gesichtspunkt des *Klimaschutzes. Wichtige Elemente sind der Einsatz *erneuerbarer Energien und eine Dezentralisierung. Die St. ist Bestandteil der *Energiewende (und wird häufig mit dieser verwechselt).

Thermographie, fotografische Aufnahmen von Gebäuden, die Stellen der Außenhaut erkennen lassen, an denen der Wärmeverlust besonders groß ist. Sie erfolgt mit Infrarotkameras oder entsprechend umgebauten Spiegelreflexkameras sowie idealerweise mit Hilfe einer Drohne (Thermokopter), die das Haus umfliegt.

Transformationsgesellschaft, ein Unternehmen, das die Rolle einer *intermediären Organisation übernimmt und eine hohe *Prozesskompetenz entwickelt, um Transformationsprozesse wie z. B. die *Quartierserneuerung zu steuern.

Vehicle to Grid (V2G), wörtl. „Fahrzeug ans Netz", eine Anlage etwa im Rahmen einer *Klimaschutzsiedlung, die überschüssigen Strom z. B. aus *Photovoltaik oder *Windkraft dazu verwendet, die Akkus von E-Bikes und Elektroautos aufzuladen.

Verkehrssicherungspflicht, die Pflicht des Eigentümers eines Gebäudes, dafür zu sorgen, dass sich Bewohner, Besucher und Passanten nicht verletzen (etwa auf mangelhaften Zuwegen) und nicht wegen eines Gebäudemangels erkranken (etwa durch eine Legionelleninfektion über die Trinkwasserleitung). Sie zu beachten ist Bestandteil der nachhaltigen Nutzung eines Gebäudes.

Verkehrswende, der Umbau des Verkehrssektors im Sinne des *Klimaschutzes, als Bestandteil der *Energiewende. Ihr Ziel ist, den Energieverbrauch des Verkehrs stark zu reduzieren, etwa durch *Elektromobilität und *Multimodalität.

Wärmedämmung, bauliche Maßnahmen, die den Wärmeverlust durch die Gebäudehülle (Außenwände, Dach, Kellerboden, Fenster, Türen) reduzieren sollen. Standards der Wärmedämmung sind wichtiger Bestandteil der *Energieeinsparverordnung.

Wärmepumpen, meist elektrisch betriebene Geräte, die bestimmte Formen diffuser Wärmeenergie wie *Geothermie, die Wärme von Abgasen und Abwasser oder die Abwärme von Geräten so konzentrieren, dass sie zum Heizen, zur Warmwasserbereitung oder als Prozesswärme genutzt werden können.

Wärmewende, der Umbau der Wärmeversorgung von Gebäuden im Sinne des *Klimaschutzes, als Bestandteil der *Energiewende. Dazu gehören Maßnahmen wie *Fernwärme, *Geothermie-Nutzung, *Nahwärme und *Wärmedämmung.

Windkraft, die Nutzung von Windenergie zur Stromerzeugung in Windkraftwerken (Windrädern); sie stellt mengenmäßig den größten Anteil der *erneuerbaren Energien dar.

Wissenstransfer, die Übertragung nützlicher wissenschaftlicher Erkenntnisse in das Wirtschaftsleben und in den Alltag der Bevölkerung, aber auch umgekehrt die Vermittlung von Forschungs- und Entwicklungsbedarfen, die in der Wirtschaft und im Alltag der Menschen entstehen, an die wissenschaftlichen Einrichtungen.

Wohnqualität, die Behaglichkeit, Bequemlichkeit und Gesundheit der Bewohner einer Wohnung, soweit sie von Eigenschaften dieser Wohnung abhängen.

Zertifikate, Qualitätssiegel etwa für Baustoffe und komplette Gebäude, die bestimmte Qualitäten garantieren, etwa energetische Standards (*Wärmedämmung), *Barrierefreiheit, *ökologische Baustoffe, *Wohnqualität, *Prozessqualität, einen nachhaltigen *Lebenszyklus. Sie werden anhand feststehender Kriterienkataloge von anerkannten Zertifizierungsstellen vergeben.

---

[1] Beispiel: www.sennestadt-musterbaustelle.de

[2] Daniela Mayrshofer, Susanne Kempe: Prozesskompetenz erwerben. bit.ly/mayrshofer – Ausführlich: Prozesskompetenz in der Projektarbeit. Ein Handbuch für Projektleiter, Prozessbegleiter und Berater, hg. v. Daniela Mayrshofer u.a., Hamburg 2001